A LUTA CONTRA O TERRORISMO TRANSNACIONAL: CONTRIBUTOS PARA UMA REFLEXÃO

ANA PAULA BRANDÃO | BRUNO OLIVEIRA MARTINS
ELIA CHAMBEL | LAURA FERREIRA-PEREIRA
LUIS FIÃES FERNANDES | MANUEL GUEDES VALENTE
PAULO VALENTE GOMES

A LUTA CONTRA O TERRORISMO TRANSNACIONAL: CONTRIBUTOS PARA UMA REFLEXÃO

Coordenação
ANA PAULA BRANDÃO

A LUTA CONTRA O TERRORISMO TRANSNACIONAL: CONTRIBUTOS PARA UMA REFLEXÃO

AUTORES
ANA PAULA BRANDÃO | BRUNO OLIVEIRA MARTINS | ELIA CHAMBEL
LAURA FERREIRA-PEREIRA | LUIS FIÃES FERNANDES | MANUEL GUEDES VALENTE
PAULO VALENTE GOMES

COORDENADORA
ANA PAULA BRANDÃO

EDITOR
EDIÇÕES ALMEDINA, SA
Av. Fernão Magalhães, n.º 584, 5.º Andar
3000-174 Coimbra
Tel.: 239 851 904
Fax: 239 851 901
www.almedina.net
editora@almedina.net

DESIGN DE CAPA
FBA

PRÉ-IMPRESSÃO | IMPRESSÃO | ACABAMENTO
G. C. – GRÁFICA DE COIMBRA, LDA.
Palheira – Assafarge
3001-453 Coimbra
producao@graficadecoimbra.pt

Janeiro, 2011

DEPÓSITO LEGAL
321180/11

Os dados e as opiniões inseridos na presente publicação
são da exclusiva responsabilidade do(s) seu(s) autor(es).

Toda a reprodução desta obra, por fotocópia ou outro qualquer
processo, sem prévia autorização escrita do Editor, é ilícita
e passível de procedimento judicial contra o infractor.

Biblioteca Nacional de Portugal – Catalogação na Publicação
A LUTA CONTRA O TERRORISMO TRANSNACIONAL

A luta contra o terrorismo transnacional : contributos
para uma reflexão / Ana Paula Brandão... [et al.]. – (Centro
de investigação do ISCPSI)
ISBN 978-972-40-4441-5

I – BRANDÃO, Ana Paula

CDU   341
      327
      323

ÍNDICE

Introdução 9

Dinâmicas transnacionais e securitizadoras: o efeito amplificador do 11/09
    Ana Paula Brandão 11

O terrorismo na era da incerteza
    Luis Fiães Fernandes 29

A trilogia liberdade-justiça-segurança: contributos para a reconstrução do conceito de espaço penal europeu
    Manuel Monteiro Guedes Valente 65

A cooperação policial europeia e o terrorismo transnacional
    Élia Chambel Pires 79

A Política Comum de Segurança e Defesa da União Europeia e a luta contra o terrorismo: génese e evolução de um novo nexo
    Laura C. Ferreira-Pereira e Bruno Oliveira Martins 97

A abordagem europeia do terrorismo no Tratado de Lisboa e o caso de Portugal
    Bruno Oliveira Martins 121

O Tratado de Lisboa e a gestão de crises na União Europeia com impacto transnacional
    Paulo Valente Gomes 145

Notas sobre os autores 163

INTRODUÇÃO

O 11 de Setembro tem sido considerado, por académicos e práticos, um marco na história recente das Relações Internacionais, com particular incidência no domínio da segurança. Após a Guerra Fria, período durante o qual a ameaça estava claramente definida, seguiu-se uma década de incerteza e de aparente recuo das questões de segurança na agenda internacional. Os ataques perpetrados em 2001, e subsequentes, recolocaram as preocupações securitárias no topo da agenda. O distanciamento de quase uma década permite-nos constatar que as mudanças, desde então ocorridas, não consubstanciaram, todavia, uma alteração paradigmática, apenas confirmaram e/ou intensificaram tendências.

A presente publicação reúne as comunicações apresentadas no âmbito do I Ciclo de Conferências associado ao Projecto "A Coordenação Europeia Multinível na Luta contra o Terrorismo Transnacional: o Caso de Portugal e Espanha", financiado pela Fundação para a Ciência e Tecnologia (FCT)*.

O primeiro capítulo contextualiza o impacto do 11/09 (ameaça e resposta à ameaça) no âmbito do debate sobre segurança iniciado no final do século XX, com destaque para as dinâmicas transnacionais e securitizadoras. O segundo capítulo incide sobre a relação complexa entre incerteza, risco e segurança no contexto da luta contra o terrorismo. No capítulo seguinte, é apresentada uma leitura crítica da deriva securitária da equação 'liberdade-segurança-justiça" associada à construção do espaço penal europeu. O quarto capítulo analisa o contributo da cooperação policial europeia para a prevenção e o combate ao terrorismo transnacional. No quinto capítulo, é traçada a evolução do agendamento da luta contra o terrorismo no quadro da Política Comum de Segurança e Defesa (antes designada

---

* De referir o co-financiamento comunitário através do FEDER/COMPETE (Programa Operacional Factores de Competitividade) – QREN (Quadro de Referência Estratégico Nacional).

'Política Europeia de Segurança e Defesa'). O sexto capítulo identifica as alterações introduzidas pelo Tratado de Lisboa com incidência na luta antiterrorista europeia. No último capítulo, é discutida a capacidade de resposta comum às crises sociais com impacto transnacional no seio da União Europeia.

Uma nota final de agradecimento à Fundação para a Ciência e Tecnologia pelo apoio concedido à investigação e à organização do Ciclo de Conferências, bem como às instituições que acolheram a iniciativa: Escola de Economia e Gestão/Núcleo de Investigação em Ciência Política e Relações Internacionais da Universidade do Minho, Faculdade de Economia/Núcleo de Relações Internacionais da Universidade de Coimbra, Faculdade de Ciências Sociais e Humanas/Curso de Relações Internacionais da Universidade da Beira Interior e Instituto Superior de Ciências Policiais e Segurança Interna. Este agradecimeno estende-se ao Sistema de Segurança Interna (SSI) pelo apoio à publicação da investigação produzida.

DINÂMICAS TRANSNACIONAIS E SECURITIZADORAS: O EFEITO AMPLIFICADOR DO 11/09

ANA PAULA BRANDÃO

> There is obviously a lot of work to be done to improve our knowledge about security and how to use this knowledge to construct social rules, norms, principles, institutions and organizations that provisionally relax, if not resolve, the security dilemmas that lie deep within the human condition, and that are now magnified in number and complexity – and in real time – by the emergence of a world society for the first time in the evolution of species armed with the knowledge and means for the first time, too, to destroy itself.
>
> (KOLODZIEJ 2005, 318)

O debate sobre segurança, generalizado na década de 90, desaguou na complexificação da agenda de investigação associada ao alargamento (sectores da segurança) e ao aprofundamento (objecto e actor da segurança) conceptuais. A terminologia é sintomática do enriquecimento da palete securitária, particularmente na profusão de adjectivos: segurança ambiental, segurança societal, *soft security*, segurança alternativa, segurança humana... A inclusão de temáticas, antes ausentes do discurso securitário, suscitou uma terceira linha de reflexão que incide sobre os mecanismo securitizadores. A desconstrução de 'o que é a segurança' teve um efeito multiplicador no questionamento: segurança de quem, segurança através de que meios, quem/como/porquê securitiza?

O fim não anunciado da ameaça definidora da Guerra Fria desorientou as lideranças responsáveis pela elaboração e implementação das políticas, tornando-se recorrente, senão mesmo banal, o discurso que listava, nem sempre de forma criteriosa, as ditas 'novas ameaças', caracterizando o 'novo ambiente de segurança' como instável, imprevisível e difuso. Em resposta à mudança, os Estados (e as Organizações Internacionais) revisitaram os respectivos 'conceitos estratégicos'. Os ataques terroristas perpetrados no dia 9 de Setembro de 2001, e subsequentes, justificaram um segundo movimento de actualização.

A concretização da ameaça terrorista transnacional, no início do século XXI, teve um impacto múltiplo. Antes de mais, consagrou o fim do tabu da inviolabilidade do território americano expondo a vulnerabilidade do Estado-hiperpotência face a actores não-estaduais perversos. Em segundo lugar, preencheu o *vacuum* deixado pela implosão da União Soviética, definindo 'a ameaça' do novo século. Em terceiro lugar, confirmou um dos principais desafios que enfrenta o Estado enquanto providenciador de segurança: a natureza transnacional da(s) ameaça(s). Finalmente, catalisou um movimento securitizador expansivo que segue as regras da narrativa securitária – prioritarização, dramatização, excepcionalização. O presente estudo incide sobre os dois últimos desenvolvimentos, argumentando que a ameaça terrorista e a luta contra à mesma tiveram um efeito amplificador das dinâmicas transnacionalizadoras e securitizadoras identificadas pelo debate do século XX.

Um Termo, Vozes Múltiplas

Segurança é um termo poderoso (SHEEHAN 2005). A sua conceptualização, historicamente associada à construção estadual, é hoje amplamente contestada (BUZAN 1991, BOOTH 2005, KOLODZIEJ 2005). Os conteúdos múltiplos explicam-se pela "natureza esquiva do fenómeno que procura descrever" e pelos "esforços de diversos utilizadores no sentido de fixar e atribuir significados para os seus próprios fins" (DERIAN 1995, 28).

No espectro teórico das Relações Internacionais, o paradigma realista afirma-se como referenciador, sendo por muitos "considerado a teoria dominante na história das Relações Internacionais"[2]. O eixo do paradigma é o Estado: actor protagonista, detentor do poder, definidor dos interesses da colectividade, senhor da guerra e da paz:

---

[2] [Tradução livre.] Martin HOLLIS e Steve SMITH. 1990. *Explaining and Understanding International Relations*. Oxford: Clarendon Press: 27.

Com o nascimento do Estado-Nação no século XVII e o seu interesse na sobrevivência nacional, a segurança nacional tornou-se uma preocupação proeminente. Para acabar com «a guerra de todos contra todos» (Hobbes, 1651-1957) e assegurar o estado de paz interna, os cidadãos abdicam a favor de um soberano poderoso, que, por sua vez, promete o fim da guerra civil e religiosa. Na arena internacional, a luta coloca os Estados uns contra os outros. Ao sistema de Estados-Nação falta regras comuns e instituições de implementação da lei. A diplomacia e a guerra são os meios por excelência para promover as causas nacionais; estadistas e diplomatas são os actores proeminentes; a guerra é a continuação da diplomacia por outros meios (parafraseando Clausewitz, 1853-1863). Ao soberano, quer seja um príncipe de uma monarquia constitucional quer sejam os próprios cidadãos numa democracia, é-lhe confiado assegurar a paz interna e proteger a vida e a propriedade das pessoas contra qualquer ameaça estrangeira.[3] (HAFTENDORN 1991, 5-6)

Da situação anárquica, contingente e desordenada, resulta a necessidade da territorialidade do Estado soberano, constituindo-se este no legítimo detentor dos instrumentos da violência organizada. Com a Revolução Francesa, a segurança passa a ser entendida como uma condição do Estado, como um bem principalmente colectivo. A segurança dos indivíduos fica, assim, subordinada à segurança do Estado (ROTSCHILD 1995).

A teoria realista das Relações Internacionais consagrou, no século XX, a concepção de segurança legada por Maquiavel, Hobbes e Clausewitz: o Estado soberano, actor unitário, sujeito e objecto da segurança; a segurança nacional (da soberania, da integridade territorial, dos valores e dos interesses dos Estado) como principal nível da segurança; a sociedade internacional anárquica (descentralizada, competitiva, sem autoridade supra-estadual) potenciadora de ameaças de origem estadual; o conflito interestadual como tipo dominante de conflito; a separação conceptual, política e operacional, entre segurança externa e segurança interna.

O vazio deixado pelo fim da ameaça soviética intensificou a reflexão sobre a segurança como conceito, como disciplina e como política, multiplicando-se as vozes em defesa de uma nova forma de pensar as relações internacionais superadora do sistema de Estados vestefaliano, da ética maquiavélica e da filosofia da guerra clausewitziana[4]. "No mundo do pós-

---

[3] Tradução livre.
[4] Ken BOOTH e Eric HERRING. 1994. *Keyguide to Information Sources in Strategic Studies*. London: Mansell: 124-125.

-Guerra Fria as fronteiras desenhadas entre Estados, entre Estados e sociedade civil, e entre áreas funcionais tais como política, economia e cultura estão a cair. (...) Concepções de segurança vigentes centradas no Estado e orientadas para o exterior são inadequadas para capturar a complexidade das novas e multifacetadas relações internacionais"[5] (VAYRYNEN 1995, 259).

Aos contributos das décadas precedentes que valorizavam a interdependência e a dimensão cooperativa da segurança[6], os anos noventa acrescentaram a generalização do debate, a diversidade de perspectivas críticas, o estudo da construção do(s) conceito(s) e as proposta dos conceitos de *segurança societal* e de segurança humana. As vozes multiplicaram-se na defesa do alargamento e/ou do aprofundamento conceptual, bem como na análise dos mecanismos do discurso securitário, desdobrando a pergunta 'o que é a segurança' em 'segurança de/para quem', 'segurança de quê', 'segurança com que meios', 'quem securitiza', 'como securitiza'.

O alargamento traduziu-se na assumpção da multisectorialidade da segurança sistemizada por Barry BUZAN (1991) em *States, People and Fear*: segurança política; segurança militar; segurança económica; segurança ambiental; segurança societal (BUZAN 1991; WAEVER et al. 1993; BUZAN, WAEVER e WILDE 1998; COLLINS 2007). "A crescente interdependência do mundo, designadamente como resultado do desenvolvimento nos transportes, nas comunicações, no processamento de dados e nas tecnologias, criou novas oportunidades para a humanidade, mas também tornou o mundo mais complexo e vulnerável"[7] (FISCHER 1993, 167).

O debate sobre a natureza da ameaça bem como sobre os meios mais adequados para lutar contra ameaças complexas, conduziu ao questionamento sobre o objecto e o actor da segurança. A dimensão multinível é evidenciada pelos proponentes da segurança da humanidade (segurança global), e/ou da segurança dos grupos (segurança societal[8]), e/ou da segurança individual (segurança humana[9]), no "mundo onde, cada vez mais,

---

[5] Tradução livre.
[6] BOOTH e HERRING 1994, Bjorn MOLLER. 1995. *Dictionary of Alternative Defense*. London: Lynne Rienner Publishers; Independent Commisssion on Disarmament and Security Issues. 1982. *Common Security: A Programme for Disarmament*. London: Pan Books.
[7] Tradução livre.
[8] A segurança societal diz respeito à salvaguarda da identidade societal, à capacidade da colectividade manter o seu carácter essencial em contexto de mudança e ante ameaças possíveis ou actuais (Ole WAEVER, et al. 1993. *Identity, Migration and the New Security Agenda in Europe*. London: Pinter Publishers: 24).
[9] Shahrbanou TADJBAKHSH e Anuradha M. CHENOY. 2007. *Human Security: Con-*

indivíduos e comunidades enfrentam ameaças sem inimigos, onde muitas destes agentes, forças e ideias políticas habituais nos dois últimos séculos não podem garantir a segurança"[10] (PRINS 1994, 7). Uma linha mais radical chegou a questionar a viabilidade do Estado como comunidade política (LIPSCHULTZ 1995, BOOTH 2005), sustentando que, para reformulação positiva do termo, não basta superar a sua formulação negativa nem pugnar pela sua extensão, mas reflectir sobre "o que pode significar segurança sem Estados"[11] (DALBY 1991).

Da desconstrução do realismo emergiu o pluralismo teórico-conceptual. Os Estudos de Segurança deixaram de ter "respostas predefinidas para perguntas predefinidas"[12] (BOOTH 2005, 3). Concluída uma primeira fase de desmultiplicação das perguntas, encontra-se hoje a comunidade científica na encruzilhada da busca de respostas relevantes para a formulação e implementação de políticas. Perante o que designa de "segurança como uma torre de babel", Edward A. KOLODZIEJ argumenta que cada uma das escolas de pensamento tem algo a dizer. Ainda que rejeite abordagens exclusivistas, pugna, no entanto, pela centralidade do Estado enquanto "unidade principal da organização política das populações do mundo" e "repositório do monopólio da violência legítima"[13] (KOLODZIEJ 2005, 26).

As Dinâmicas Transnacionais

A força da construção teórica realista assenta numa herança intelectual notável, na coerência interna dos argumentos e na adesão por parte dos decisores pragmáticos. A fragilidade emerge quando confrontada com uma realidade complexa de ameaças transnacionais e de inimigos sem rosto.

---

cepts and Implications. London: Routledge; S. Neil MACFARLANE. 2006. Human Security and the UN: A Critical History. Bloomington: Indiana University; Sandra J. MACLEAN et al., eds. 2006. A Decade of Human Security: Global Governance and New Multilateralisms. Hampshire: Ashgate; Edward NEWMAN et al., eds. 2001.The United Nations and Human Security. Hampshire: Palgrave; Programme des Nations Unies pour le Développement. 1994. Rapport Mondial sur le Développement Humain 1994. Paris: Economica.
[10] Tradução livre.
[11] Tradução livre.
[12] Tradução livre.
[13] Tradução livre.

A segurança na equação realista é protagonizada pelo actor estadual, soberano, territorializado. Se o alargamento do espectro sectorial da ameaça não põe directamente em causa o Estado como actor de segurança, a diversificação da natureza da mesma, designadamente no que respeita à transnacionalidade, questiona a conceptualização e operacionalização fragmentada da segurança assente na distinção entre segurança externa e segurança interna (com implicações políticas – elaboração e implementação – e institucionais). "A segurança do território nacional (...) é apenas um aspecto, certamente o mais simples, da política de defesa da França perante a disseminação da violência que desterritorializa a ameaça. A eficácia desta decorre de uma nova forma que a situa tanto numa rede terrorista, num movimento social que surge num Estado que rapidamente atravessará, da evolução imprevisível de um fluxo transnacional, veja-se de uma simples acção individual"[14] (BADIE 1997, 8).

Nos anos 70, Robert KEOHANE e Joseph NYE introduziram o estudo sobre os actores não-estaduais e as relações transnacionais como agentes autónomos à escala global, superadoras da lógica de fronteira, pugnando por um paradigma da *world politics* em alternativa ao paradigma realista. Partindo da constatação da crescente interdependência entre actores estaduais e actores não-estaduais, potenciada pelo desenvolvimento das comunicações, dos transportes e das transacções financeiras, fazem a distinção entre 'relações internacionais' (transacções entre actores estaduais) e relações transnacionais – em sentido amplo, transacções entre actores não estaduais ou entre estes e actores estaduais – "contactos, alianças e interacções através das fronteiras estaduais que não são controladas pelos órgãos centrais da política externa dos governos"[15] (KEOHANE e NYE 1971, xi) –, em sentido restrito, actividades de actores não-estaduais[16]. O transnacionalismo, enquanto "redes de longa distância", não é um fenómeno novo. No entanto, actualmente, estes sistemas de "interacções, intercâmbio e mobilidade funcionam activamente e em tempo real estando espalhados pelo mundo"[17] (VERTOVEC 1999, 1) graças ao referido desenvolvimento tecnológico.

---

[14] Tradução livre.
[15] Tradução livre.
[16] A investigação subsequente incidiu sobre o papel das ONG (John BOLI e George M. THOMAS, eds. 1999. *Constructing World Culture: International Non-Governmental Organizations since 1875*. Stanford: Stanford University Press) e sobre a emergência de uma sociedade civil mundial (Helmut ANHEIER et al., ed. 2001. *Global Civil Society 2001*. Oxford: Oxford University Press).
[17] Tradução livre.

O transnacionalismo reporta-se não apenas à natureza (das relações) dos actores envolvidos, desafiadores da autoridade estadual, como também aos *interdependent issues*, desafiadores da capacidade estadual. A dupla dimensão do transnacionalismo, contribui, segundo James ROSENAU, para a actual turbulência do mundo: "Antes as agendas políticas consistiam em problemas que os governos podiam tratar individualmente ou através da negociação interestadual, agora estes problemas tradicionais estão a ser associados a desafios que pela sua natureza não estão sob a alçada exclusiva da jurisdição dos Estados e que tornaram a fronteira crescentemente porosa"[18] (ROSENAU 1997, 71-72). A turbulência promove dinâmicas centralizadoras/integração e descentralizadoras/fragmentação (*fragmegration*) que resultam na bifurcação das estruturas globais: um mundo policêntrico autónomo que concorre com o mundo centrado nos Estados.

A interdependência é também percebida como fonte de vulnerabilidade. Segundo a Comissão 11/09, "[D]o terrorismo às doenças globais ou à degradação ambiental, os desafios tornaram-se sobretudo transnacionais. Este é o atributo definidor da política mundial no século XXI"[19]. Para a OSCE, "[A]s ameaças que emergem de conflitos interestaduais e intra-estaduais constituem a categoria mais abrangente de ameaça aos Estados--Membros e aos indivíduos. Tais conflitos, onde quer que ocorram, podem ainda ser um risco para países vizinhos e originar instabilidade e outro tipos de ameaças, tais como terrorismo, proliferação de armas de destruição massiva, proliferação descontrolada e acumulação excessiva e destabilizadora de armas ligeiras e de pequeno porte, desrespeito dos direitos humanos, expulsão em massa, deterioração da situação económica e imigração ilegal"[20].

A vulnerabilidade está associada à actuação de redes transnacionais perversas que têm aumentado em número, escala e diversificação (SANGIOVANNI 2005) e que, embora não ponham em causa a integridade territorial dos Estados, ameaçam a sua integridade política, social e económica (AL-RODHAN 2008, 116). Conforme alerta Joseph NYE, é crescente o

---

[18] Tradução livre.
[19] [Tradução livre.] National Commission on Terrorist Attacks Upon the United States. 2001. "The 9/11 Commission Report". 2004. [http://www.9-11commission.gov/report/911Report.pdf]: 361-362.
[20] OSCE. 2003. "OSCE Strategy to Address Threats to Security and Stability in the Twenty-First Century". [http://www.osce.org/documents/mcs/2003/12/17499_en.pdf]: 2.

número de transacções trasnacionais que escapam ao controlo do Estado mais poderoso realizadas por "actores não estaduais diversos, tais como banqueiros que transferem electronicamente somas mais elevadas do que orçamentos nacionais, e, no outro extremo, terroristas que transferem armas ou *hackers* que ameaçam o ciberespaço" (NYE 2009). A sua organização informal, horizontal, descentralizada, flexível, combinada com uma actuação através das fronteiras, dificulta o combate por parte do actor estadual: "Enquanto os governos organizados hierarquicamente estão a lutar para se adaptarem ao mundo globalizado, a estrutura fluida de muitas redes não-estaduais torna-as adaptáveis a um ambiente internacional incerto e em constante mudança"[21] (SANGIOVANNI 2005, 8). À expansão e intensificação do fenómeno acrescem conexões entre actores e actividades criminosas e terroristas (KALDOR 2006, ROLLINS et al. 2010).

Segundo o relatório elaborado pela *Task Force on DoD Responses to Transnational Threats* (Defense Science Board 1998), os actores transnacionais não são fáceis de deter, quer porque não têm 'pátria', quer porque não respeitam as fronteiras (políticas, organizacionais, legais, éticas), o que exige uma estratégia de combate multifacetada. Após os ataques terroristas de 2001, a recolha de informações sobre os fenómenos transnacionais passou a ser a prioridade da Comunidade de *Intelligence* dos EUA que enfrenta, desde então, uma tarefa de elevada complexidade. Diferentemente da ameaça militar dos dois conflitos mundiais (Segunda Guerra Mundial e Guerra Fria), cuja 'transparência' facilitava uma resposta mais efectiva, o terrorismo e a proliferação de Armas de Destruição Massiva exigem uma investigação à escala global relativamente a alvos difusos e imprevisíveis (MADDRELL 2009).

A modernização e a expansão das comunicações e dos transportes facilitaram o desenvolvimento do terrorismo internacional ao facultar os meios para a comunicação e a cooperação entre grupos terroristas e para a propaganda dos actos à escala mundial (O'KANE 2007). O desenvolvimento tecnológico (meios), associado a uma ideologia global (ideia), alterou a natureza do fenómeno. Não se trata já de terrorismo de incidência nacional – ainda que este possa utilizar meios materiais (financiamento, armamento, logística) externos, nem de terrorismo estritamente internacional. A Al-Qaeda configura-se como uma rede transnacional de células constituídas por membros de diferentes nacionalidades, motivados por uma ideologia não-secular, que se organiza de forma flexível, descentrali-

---

[21] Tradução livre.

zada e desterritorializada, utilizando redes próprias de financiamento (narcotráfico, negócios privados, apoios locais) e tendo por alvo centros populacionais e grandes infra-estruturas económicas, políticas e civis.[22] A Al--Qaeda pode ser comparada, no que respeita ao seu funcionamento, às redes transnacionais benignas defensoras de causas tais como os direitos humanos e o ambiente (*transnational advocacy networks*): comunicação e intercâmbio voluntários, recíprocos e horizontais; cooperação entre indivíduos provenientes de diferentes países; partilha de informação como elemento essencial da rede; prática de actos simbólicos e de pressão; uso do efeito *boomerang*[23] (ASAL et al. 2007).

A complexificação das ameaças (tipo, natureza e fonte) teve impacto na resposta do actor de segurança estadual. O espectro diversificou-se: cooperação interestadual institucionalizada; regimes de segurança; cooperação entre actores estaduais e actores privados – empresas privadas de segurança que prestam serviços (recursos e *expertise*) aos governos ou agem autonomamente em domínios tais como o crime transnacional e a não proliferação (KRAHMANN 2003); redes de relações transgovernamentais[24] (SLAUGHTER 2004). Neste contexto, merece ainda considerar o potencial de um novo tipo de actor de segurança pós-vestefaliano (em construção) como a União Europeia que, tendo por unidades constituintes os Estados, se distingue das Organizações Internacionais (intergovernamen-

---

[22] "Rather than directing localized violence towards a localized cause, global terrorism displays the same types of dynamics as a transboundary security issue. First, it employs modern communication systems and globalized travel networks to plot, plan and procure the means for attack. Loose networks operating across political boundaries and even in different parts of the world can band together to carry out violence. Second, that violence can place at different countries, and can cripple different infrastructures systems, thanks to the border-free spaces that now characterize parts of the globe. Finally, the psychological effects of a terrorist attack are felt far away from the scene of the crime " (ERIKSSON e RHINARD 2009, 247).

[23] Prática de actos com vista a pressionar no sentido de uma alteração política.

[24] "These include informal ties among central bankers, financial intelligence units, national intelligence operatives, diplomats, and law enforcement agencies that share information, coordinate policies, and provide mutual enforcement assistance (…). Composed of independent regulatory agencies or departments acting quasi-autonomously from the rest of government, and operating with a minimum of physical, bureaucratic, and legal infrastructure, such 'government networks' allow states to benefit from all the flexibility and decentralization of non-state actors (…). Most notably, government networks facilitate pooling of know-how and exchange of experience and allow governments to exploit synergies among the resources of different state agencies" (SANGIOVANNI 2005, 7).

tais) ao constituir uma *polity* complexa com capacidade para elaborar e implementar políticas, combinando dinâmicas supra-estaduais, interestaduais, transgovernamentais e transnacionais[25].

As Dinâmicas Securitizadoras

As abordagens interpretativistas partem da crítica epistemológica e ontológica sobre a natureza da realidade internacional (das relações sociais internacionais), sobre como explicar essa realidade e sobre a natureza da ciência social, questionando a filosofia materialista e positivista da ciência pugnada pelos racionalistas. Estes sustentam que o comportamento humano é afectado por forças físicas a partir de fora, pelo que as ideias são apenas o reflexo do mundo material. Em contraposição, os interpretativistas partem de uma filosofia da ciência relativista e de uma sociologia do conhecimento interpretativista: as ideias é que governam a conduta humana, pelo que só elas é que podem ser estudadas.

Os pós-modernistas e os pós-estruturalistas adoptam uma abordagem textual e discursiva: a realidade é uma construção simbólica relacionada com outros textos[26]; a realidade objectiva não pode ser conhecida fora da linguagem. Diferentemente, os construtivistas consideram que há um mundo real, mas que não é inteiramente determinado pela realidade física; "as identidades, os interesses e o comportamento dos agentes políticos são socialmente construídos pelos significados, interpretações e pressupostos colectivos sobre o mundo"[27] (ADLER 1997, 324). Preferem o ontológico e o epistemológico ao metodológico e, tendo por objectivo desenvolver uma teoria socio-cognitiva das Relações Internacionais, adoptam uma teoria social e um vocabulário interpretativista, e enfatizam os factores sociocognitivos.

O principal contributo desta linha de investigação sobre o conceito de segurança situa-se antes de mais nas perguntas que formula. "[A] rapidez da mudança no sistema internacional, bem como a incapacidade da teoria internacional para dar sentido a essa mudança, levanta a seguinte questão:

---

[25] *Vide:* Ana Paula BRANDÃO. 2010. "A *Security Actorness* Europeia e o Terrorismo Transnacional". In *A União Europeia e o Terrorismo Transnacional*. Coimbra: Almedina: 9-42.

[26] ALEXANDER 1995, cit por Emanuel ADLER. 1997: 324.

[27] Tradução livre.

Qual é o valor da segurança? Mais especificamente, até que ponto é seguro este conceito proeminente das relações internacionais?"[28] (DERIAN 1995, 24). O estudo genealógico da 'segurança', demonstra que prevaleceu, secularmente, uma representação realista tradicional – a vontade de segurança nascida de um medo primário da anarquia. O pós-modernista James der DERIAN considera que é necessário um novo diálogo de segurança a partir de uma genealogia que ajude a "compreender o poder discursivo do conceito, a lembrar os seus significados esquecidos, a avaliar a sua economia de uso no presente, a re-interpretar – e possivelmente a construir através da re-interpretação – uma segurança moderna recente conforme com a pluralidade de centros, significados múltiplos e identidades fluídas"[29] (DERIAN 1995, 26).

Ole WAEVER analisa o acto discursivo que nos prende a uma determinada lógica de segurança. A segurança, como conceito socialmente construído, traz consigo uma história e uma série de conotações. Em vez de uma crítica no sentido de alargar o conceito, o autor envereda pela análise do respectivo processo de construção social. Os críticos do realismo, sejam progressistas ou radicais, assumem duas premissas do discurso estabelecido: a segurança é uma realidade anterior à linguagem; quanto mais segurança, melhor. Aceitam assim o significado central da 'segurança' e conduzem à securitização de outras áreas da vida social. Os críticos "não têm um conceito genérico do significado da segurança – só o que tomaram acriticamente da perspectiva tradicional, multiplicaram e estenderam a novos campos"[30] (WAEVER in LIPSCHUTZ 1995, 48-49).

Na perspectiva tradicional, a segurança tem como referência o Estado. Enquanto campo de acção, a segurança é o campo "onde os Estados se ameaçam mutuamente, desafiam a soberania uns dos outros, procuram impor a sua vontade sobre os outros"[31] (WAEVER in LIPSCHUTZ 1995, 50). Nesta linha, um problema ascende à agenda securitária quando ameaça a soberania e a independência do Estado e o priva da capacidade de autogoverno; um problema é um problema de segurança quando o Estado/ as elites o declaram como tal. Considerando que a segurança diz respeito à sobrevivência do actor, compreende-se que o discurso securitário se caracterize pelo dramatismo que decorre da ameaça ser percebida como exis-

---

[28] Tradução livre.
[29] Tradução livre.
[30] Tradução livre.
[31] Tradução livre.

tencial. Do dramatismo resulta a prioritarização do assunto na agenda política, a actuação urgente e o recurso a meios extraordinários. A securitização é, portanto, a "versão extrema da politização": "'Segurança' é o resultado de um movimento que leva a política para lá das regras estabelecidas do jogo e concebe o problema como acima da política normal"[32] (WAEVER 2003).

Os reformuladores críticos referem-se a "o quê", ou "quem ameaça", ou "segurança de quem", mas nunca se questionam sobre se um fenómeno deveria ser tratado em termos de segurança. Isto acontece porque partem de uma concepção positiva da segurança não questionando os pressupostos – "quanto mais segurança, menos insegurança" ou "quanto mais segurança, melhor". WAEVER pugna pela 'des-securitização dos problemas', dados os riscos anti-democráticos que podem advir do tratamento de excepcionalidade associado à securitização. Acresce que mais segurança pode resultar em insegurança, conforme demonstrado pelo 'dilema de segurança' realista. Em certos casos, a securitização pode ainda resultar na banalização da urgência e consequente inadequação/ineficácia das políticas.

Os contributos para a reflexão conceptual da segurança que partem de uma crítica epistemológica levantam questões que vão para lá das já clássicas 'o que é a segurança?' e 'o que é necessário para conseguir segurança?', e para lá das questões críticas 'o quê/ quem ameaça?', 'quem é o objecto da segurança?', 'quem é o agente da segurança?'. O acento vai para o 'como': 'como é que é construído o conceito de segurança?', 'como é que é construído o objecto da segurança?', 'como é que são construídas as ameaças?', 'como é que determinados problemas são securitizados?'. E como securitizar tem consequências, importa finalmente considerar a pergunta: quais os efeitos do acto securitizador?

Diferentemente das questões ambientais, económicas e societais, o terrorismo integra *ab initio* a agenda da segurança. Assim, para efeitos de aplicação da abordagem da securitização, importa considerar dois aspectos: a amplificação do movimento securitizador e, sobretudo, o efeito dessa amplificação.

Após os ataques de 11/09, assistiu-se a uma prioritarização generalizada da ameaça terrorista: "O terrorismo, na Europa como em todo o mundo, continua a ser uma das maiores ameaças à nossa subsistência" (Conselho Europeu 2008, 4). Podemos falar em macrosecuritização, significando esta uma construção da ameaça (e/ou do objecto de referência)

---

[32] Tradução livre.

à escala global (BUZAN e WAEVER 2009). Embore questione a durabilidade deste movimento (BUZAN 2006), Barry BUZAN reconhece o sucesso da mesma em parte resultante do efeito de ligação com outras preocupações securitárias anteriores, tais como o crime, o narcotráfico e a proliferação de ADM ("nexo criminoso-terrorista-insurrecto"[33]). Nos termos da Estratégia de Segurança Nacional dos EUA de 2002, "[O] perigo mais grave que enfrenta a nossa Nação reside no cruzamento de radicalismo e tecnologia. Os nossos inimigos declararam abertamente que procuram armas de destruição massiva e a evidência comprova que eles estão a fazer isso com determinação." Segundo o Conselho Europeu (2008, 1), "a globalização veio também colocar ameaças mais complexas e com ligações entre si." Os documentos oficiais sublinham ainda a necessidade de dar uma "atenção especial aos 'Estados frágeis ou em situação de ruptura' para que não se transformem em placas giratórias da criminalidade organizada e do terrorismo" (UNIÃO EUROPEIA 2010, 17).

Esta tendência foi reforçada por um segundo movimento que podemos designar de securitização extrema: a militarização. "Os Estados Unidos da América estão a lutar uma guerra contra terroristas de alcance global. (...) O inimigo é o terrorismo – violência premeditada, politicamente motivada, perpetrada contra inocentes"[34]. Com vista a criar um clima de guerra, a hiperpotência promoveu uma política externa agressiva, o discurso do inimigo (nós *versus* o outro), o reforço do orçamento de defesa e a utilização do instrumento militar na luta contra a ameaça.

Qual o impacto destes desenvolvimentos? Antes de mais, contrariando os proponentes da sociedade global, segundo os quais as questões da segurança tendem a tornar-se marginais no sistema internacional, bem como a tendência des-securitizadora do pós-Guerra Fria, consolidou-se a re-ascensão do dossiê securitário.

Após um período de indefinição, a ameaça terrorista preencheu o *vacuum* estratégico resultante da implosão da URSS. A prioritarização da mesma, e consequente reafectação de recursos para o respectivo combate, tiveram como consequência a secundarização de outras ameaças tão ou mais importantes e/ou a construção de uma percepção da mesmas subordinada à ameaça terrorista.

---

[33] Chester G. OEHME. 2008. "Terrorists, Insurgents, and Criminals: Growing Nexus?" *Studies in Conflict & Terrorism* (31) 1: 80-93.

[34] [Tradução livre.] George W. BUSH. 2001. "Strengthen Alliances to Defeat Global Terrorism and Work to Prevent Attacks Against Us and Our Friends". [http://www.informationclearinghouse.info/article2320.htm].

Um terceiro impacto associado decorreu do efeito *spillover*. A luta contra o terrorismo intensificou a tendência anterior para a securitização da imigração[35], bem como justificou, em nome de "mais segurança", a adopção de medidas que limitam os direitos, liberdades e garantias dos cidadãos não nacionais e também nacionais. Este é um dos efeitos mais perversos da deriva securitária resultante do excepcionalismo da 'política acima do normal' que pode fragilizar os fundamentos dos Estados democráticos.

Considerações Finais

O 11/09 não alterou os principais eixos do debate sobre a segurança iniciado no século anterior. Confirmou sim tendências identificadas pelo mesmo e teve, entre outros, um efeito amplificador das dinâmicas transnacionais (perversas) e securitizadoras.

O Estado continua a ser o principal actor de segurança, enquanto entidade organizada, detentora de um centro de decisão, com capacidade para elaborar políticas e detendo os meios para as implementar. No entanto, não monopoliza a centralidade enquanto fonte e alvo de ameaças e tem visto fragilizada a sua capacidade de controlo, designadamente sobre as actividades transnacionais perversas. Perante a complexificação, a vários níveis (sectores, fonte, natureza, interconexão das ameaças), do espectro das ameaças, o Estado procura respostas diversificadas, desde a clássica cooperação (puramente) intergovernamental às redes de relações transgovernamentais, passando pela emergência de uma nova configuração de actor de segurança associado a uma *polity* facilitadora de dinâmi-

---

[35] Sobre a ligação imigração e segurança, vide: Ole WAEVER et al. 1993. *Identity, Migration and the New Security Agenda in Europe*. London: Pinter; Didier BIGO. 2002. 'Security and Immigration: Toward a Critique of the Governmentality of Unease.' *Alternatives* 27: 63-92; E. BROUWER et al. 2003. *Immigration, Asylum, Terrorism. A Changing Dynamic of European Law*. Nijmegen: Instituut voor Rechtssociologie/Centrum voor Migratierecht; T. BALZACQ e S. CARRERA. 2005. "The EU's Fight against International Terrorism: Security Problems, Insecure Solutions". CEPS Policy Brief (80); Ana Paula BRANDÃO. 2007."Migração Internacional e Estudos de Segurança: Dilemas da Investigação". *Estratégia* [Instituto Português da Conjuntura Estratégica/Instituto Superior de Ciências Sociais e Políticas e Academia Internacional da Cultura Portuguesa] 16:81-100; Jef HUYSMANS e Alessandra BUONFINO. 2008. "Politics of Exception and Unease: Immigration, Asylum and Terrorism in Parliamentary Debates in the UK". *Political Studies* 56 (4): 766-788; George JOFFÉ. 2008. "The European Union, Democracy and Counter-Terrorism in the Maghreb". *Journal of Common Market Studies* 46 (1): 147-171.

cas supra-estaduais, intergovernamentais, transgovernamentais e transnacionais. Os desafios transnacionais exigem sobretudo uma alteração paradigmática superadora da separação (conceptual, política e operacional) rígida entre segurança externa e segurança interna. Na década de 90, os estudos sobre a securitização privilegiaram os sectores ambiental, económico e societal (que não integravam a agenda clássica da segurança). Os ataques terroristas, bem como a luta contra a ameaça, evidenciaram a importância de considerar questões como a escala da securitização, a securitização extrema (militarização) aplicada e ainda as consequências das mesmas. A este nível, três aspectos merecem destaque: a tentação de uma resposta vestefalianista (guerra contra actor estadual) perante uma ameaça de fonte não estadual, transnacional e não-militar; a prioritarização da ameaça terrorista e consequente secundarização de outras ameaças e/ou a abordagem destas subordinada à luta anti-terrorista; o impacto perverso de medidas anti-terroristas que limitam os direitos, liberdades e garantias de cidadãos nacionais e não-nacionais.

BIBLIOGRAFIA

ADLER, Emanuel. 1997. "Seizing the Middle Ground: Construtivism in World Politics". *European Journal of International Relations* 3 (3): 319-363.
AL-RODHAN, Nayef. 2008. *The Three Pillars of Sustainable National Security in a Transnational World*. Berlin: Lit.
ASAL, Victor, et al. 2007. "Terrorism as Transnational Advocacy: An Organizational and Tactical Examination". *Studies in Conflict and Terrorism* 30 (1): 15-39.
BADIE, Bertrand. 1997. *La Fin des Territoires*. Paris: Fayard.
BOOTH, Ken, ed. 2005. *Critical Security Studies and World Politics*. Boulder/London: Lynne Rienner Publishers.
BUZAN, Barry. 2006. "Will the Global 'War on Terrorism' be the New Cold War?" (LSE Public Lecture).
[http://www2.lse.ac.uk/PublicEvents/events/2006/20060904t1319z001.aspx].
_____. 1991. *People, States and Fear: An Agenda for International Security Studies in Post Cold War Era*. New York: Harvester and Wheatsheaf.
BUZAN, Barry, e Ole WAEVER. 2009. "Macrosecuritisation and Security Constellations: Reconsidering Scale in Securitization Theory". *Review of International Studies* 35 (2): 253-276.
BUZAN, Barry, Ole WAEVER e Jaap de WILDE. 1998. *Security: A New Framework for Analysis*. Boulder/London: Lynne Rienner Publishers.
COLLINS, Alan, ed. 2007. *Contemporary Security Studies*. Oxford: Oxford University Press.
CONSELHO EUROPEU. 2008. "Relatório sobre a Execução da Estratégia Europeia de Segurança – Garantir a Segurança num Mundo em Mudança". [http://www.consilium.europa.eu/ueDocs/cms_Data/docs/pressdata/PT/reports/104638.pdf].

DALBY, Simon. 1991. *Rethinking Security: Ambiguities in Policy and Theory*. Camberra: Peace Research Center.
DANNREUTHER, Roland. 2007. *International Security: The Contemporary Agenda*. Cambridge: Polity Press.
DEFENSE SCIENCE BOARD. 1998. The Defense Science Board 1997 Summer Study Task Force on DoD Responses to Transnational Threats. Vol. III. Washignton: Office of the Secretary of Defense. [http://www.dtic.mil/cgi-bin/GetTRDoc?AD=ADA342133&Location=U2&doc=GetTRDoc.pdf]
DERIAN, James der. 1995. "A Reinterpretation of Realism: Geneology, Semiology, Dromology." In *International Relations Theory: Critical Investigations*, ed. James der Derian. Houndmills: MacMillan: 363-396.
ERIKSSON, Johan, e Mark RHINARD. 2009. "The Internal-External Security Nexus". *Cooperation and Conflict* 44 (3): 243-267
FISCHER, Dietrich. 1993. *Nonmilitary Aspects of Security: A Systems Approach*. Aldershot: Dartmouth, UNIDIR.
HAFTENDORN, Helga. 1991. "The Security Puzzle: Theory-Building and Discipline-Building in International Security". *International Studies Quarterly* 35(1): 3-17.
KALDOR, Mary, ed. 2006. *New and Old Wars: Organized Violence in a Global Era*. Cambridge: Polity Press.
KEOHANE, Robert O. and NYE, Joseph S. 2001. *Power and Interdependence*. 3ª ed. London: Longman.
_____, eds. 1971. *Transnational Relations and World Politics*. Cambridge, MA: Harvard University Press.
O'KANE, Rosemary H. T. 2007. *Terrorism*. Harlow: Pearson Education.
KOLODZIEJ, Edward A. 2005. *Security and International Relations*. Cambridge: Cambridge University Press.
KRAHMANN, Elke. 2003. "Conceptualizing Security Governance". *Cooperation and Conflict* 38 (1): 5-26.
LIPSCHULTZ, Ronnie, ed. 1995. *On Security*. New York: Columbia University Press.
MADDRELL, Paul. 2009. "Failing Intelligence: U.S. Intelligence in the Age of Transnational Threats". *International Journal of Intelligence and CounterIntelligence* 22 (2): 195-220.
NYE, Joseph. 2009. "American Power in 21st Century". [http://www.hks.harvard.edu/news-events/news/commentary/american-power-21st-century].
PRINS, Gwyn. 1994. "Notes towards the Definition of Global Security. Global Security Programme". Occasional Paper 6, University of Cambridge, Cambridge.
ROLLINS, John, et al. 2010. "International Terrorism and Transnational Crime: Security Threats, U.S. Policy, and Considerations for Congress". CRS Report for the Congress. Washington: Congressional Research Service.
ROSENAU, James N. 1997. *Along the Domestic-Foreign Frontier: Exploring Governance in a Turbulent World*. Cambridge: Cambridge University Press.
ROSENAU, James N., e Ersel AYDINLI, eds. 2005. *Globalization, Security, and the Nation-state: Paradigms in Transition*. Albany: State University of New York Press.
ROTSCHILD, Emma. 1995. "What is Security?" *Daedalus* 124: 54-98
SANGIOVANNI, Mette Eilstrup. 2005. "Transnational Networks and New Security Threats". *Cambridge Review of International Affairs* 18 (1): 7-13.

SHEEHAN, Michael. 2005. *International Security: An Analytical Survey*. Boulder/London: Lynne Rienner Publishers.
SLAUGHTER, Anne-Marie. 2004. *A New World Order*. Princeton: Princeton University Press.
TARROW, Sidney. 2001. "Transnational Politics: Contention and Institutions in International Politics." *Annual Review of Political Science* 4: 1-10.
THOMAS, Caroline. 1992. "The Third World Security." In *International Security in the Modern World*, eds. Roger Carey e Trevor C. Salmon. New York: St. Martin's Press.
UNIÃO EUROPEIA, Conselho. 2010. "Projecto de Estratégia da Segurança Interna da União Europeia: 'Rumo a um Modelo Europeu de Segurança'". [http://register.consilium.europa.eu/pdf/pt/10/st05/st05842-re02.pt10.pdf].
UNITED STATES, President. 2002. "The National Security Strategy." [http://georgewbush-whitehouse.archives.gov/nsc/nss/2002/].
VAYRYNEN, Raimo. 1995. "Concepts of Security Revisited" (Book Review). *Mershon International Studies Review* 39 (suppl. 2).
VERTOVEC, Steven. 1999. "Conceiving and Researching Transnationalism". *Ethnic and Racial Studies* 22 (2):
WAEVER, Ole. 2003. "Securitisation: Tacking Stock of a Research Programme in Security Studies", Paper presented to PIPES, University of Chicago. [http://zope.polforsk1.dk/security theory].

O TERRORISMO NA ERA DA INCERTEZA

Luís Fiães Fernandes

George STEINER afirmava, em 1971, que

«o nosso sentimento actual de desorientação, de recaída na violência, de perda da insensibilidade moral; a nossa viva impressão de uma quebra profunda no campo dos valores da arte e no da decadência dos códigos pessoais e sociais; os nossos receios de uma nova "idade das trevas" em que a própria civilização, tal como a conhecemos, possa desaparecer ou se restrinja a pequenas ilhas de preservação arcaica – estes receios tão palpáveis e generalizados que se transformaram num cliché do estado de espírito da época» (1992, 14-15).

Após mais de 30 anos, estas afirmações parecem descrever com rigor a realidade actual.

A fluidez, instabilidade e imprevisibilidade do mundo actual coloca o homem perante uma "realidade líquida" (BAUMAN 2000), um mundo em permanente "metamorfose", em que a incerteza do futuro associada à insegurança do presente, e à sensação de vivermos em sociedades "fortaleza" – vigiadas por dispositivos electrónicos – e constantemente sitiadas por bárbaros (CASTELLS 2003, 317), agudiza o sentimento de medo. As contradições permanentes da nossa época aprofundam o sentimento de insegurança, pois o mundo está sujeito a eventos integrativos e *desintegrativos* que ocorrem simultaneamente e, frequentemente, estão casualmente relacionados. O cruzamento do local e do global, do público e do privado, do coerente e do incoerente constituem "polaridades interactivas" que dominam os assuntos mundiais (ROSENAU 2003, 3).

O 11 de Setembro marcou o fim de uma era e despertou a consciência política internacional para a necessidade de redesenhar uma nova ordem mundial (BOOTH e DUNNE 2002, ix), com o terrorismo e a segurança a assumirem uma centralidade incontestável nas agendas políticas e na sociedade. Ao mesmo tempo, o fenómeno da globalização conduziu inexoravelmente ao aumento da interdependência[1] dos Estados, na medida em que actores ou acontecimentos em diferentes partes do sistema se afectam mutuamente (NYE 2002, 225), esbatendo a distinção entre o que é interno e o que é externo.

Esta realidade produz uma redução do alcance prático da ideia de segurança *interna*, enquanto realidade autónoma e circunscrita ao interior das fronteiras geopolíticas. Nas condições actuais, considerando o quadro de ameaças e riscos, bem como as dinâmicas transnacionais, não seria concretizável para Portugal, nem para qualquer outro Estado, um esforço de segurança independente. A crise de governabilidade, que se acentuou com entrada no século XXI e com a crescente globalização, demonstrou que, por um lado, o Estado, ao nível nacional, se tornou demasiado burocratizado, e afastado dos problemas reais, para garantir o tratamento adequado e diferenciado de certos problemas societais locais e, por outro, o Estado é cada vez menos capaz de, sozinho, resolver determinados problemas internos, decorrentes da crescente interdependência e globalização.

Como afirma BECK *"o único caminho para a segurança nacional é a cooperação internacional. (...) Os Estados têm de se desnacionalizar e transnacionalizar para o seu próprio interesse nacional, isto é, abdicar da sua soberania, para que, num mundo globalizado, possam tratar dos seus problemas nacionais"* (2002a). Não indo tão longe quanto BECK, o facto é que hoje os Estados, para garantirem a *segurança interna*, têm de recorrer a uma complexa rede de acordos e convenções internacionais, as quais acabam por reforçar as tendências de fusão entre a segurança interna e a segurança externa. Por esta via, a dimensão internacional passa a constituir uma dimensão construtiva e explicativa da dimensão interna da segurança, apesar da tradicional separação das duas dimensões.

Estas mudanças conduzem-nos a uma *governança multi-nível da segurança*. O nível de análise não só se tornou geograficamente diversificado, verticalmente diferenciado, conduzido em múltiplos níveis, desde o local, passando pelo nacional, regional e global mas, ao mesmo tempo, conta com a intervenção de vários níveis de actores horizontalmente diferenciados (várias polícias e actores não estatais). A emergência da governança multi-nível da segurança complexificou o processo de fornecer

---

[1] No século XVIII Rosseau alertava para o facto de que juntamente com a interdependência vinha a fricção e o conflito (NYE 2002, 225).

segurança, pois a coordenação de actores[2] – entre diferentes funções e níveis – tornou-se problemática.

É neste contexto que este texto pretende discorrer sobre a relação entre a incerteza, o risco e a segurança face ao risco do terrorismo. A abordagem que nos propomos efectuar tem por fim estimular a reflexão sobre um conjunto de questões, em relação complexa.

A incerteza e o risco

O fenómeno da globalização não aumentou apenas a intensidade das trocas e transacções societais transfronteiriças "benignas" (comunicações, cultura, pessoas, serviços, bens), mas também permitiu a transacção de ameaças e riscos. O constante fluxo fragmenta o tempo linear, irreversível, mensurável e previsível e dá lugar a uma forma emergente de tempo – o tempo atemporal, dominante do tempo na sociedade em rede (CASTELLS 2005, 563), ao mesmo tempo que tira significado à distância.

O actual distanciamento espaço-temporal é muito maior que em qualquer época anterior, pelo que as relações entre acontecimentos locais e distantes tornam-se "distendidas" (GIDDENS 2002, 45). O que acontece num determinado local é, frequentemente, influenciado por forças que são geradas a grandes distâncias, de forma que os resultados materializados nesse local não são necessariamente consequência de uma série de processos ou mudanças actuando numa direcção uniforme, mas de tendências que se opõem mutuamente (GIDDENS 2002, 45).

Como resultado dos efeitos convergentes destes factores, o quadro de riscos que impendem sobre o Estado também se alterou, o inimigo identificado e localizado foi substituído por numerosos inimigos não identificados e não localizáveis, nómadas que não conhecem laços territoriais. Internamente, os actores da segurança são agora obrigados a prevenir e a combater riscos cujos factores genéticos encontram-se a milhares de quilómetros de distância, muito para além do poder soberano do Estado.

Os actores da segurança, conscientes que cada vez mais lhes é exigido pelo cidadão um serviço de qualidade, vão substituindo as formas tradicionais de controlo e manutenção da ordem e segurança por actividades

---

[2] Os actores da segurança são entendidos no contexto deste texto como os actores públicos e privados, de natureza local, nacional ou transnacional, que têm como actividade central a produção de segurança.

que visam proporcionar segurança através do uso de tecnologias de vigilância concebidas para identificar, prever e gerir o risco. Estes factores, em conjugação, e de modo cumulativo, acabam por afectar o significado da segurança na "era da incerteza".

A incerteza está permanentemente presente na vida diária de qualquer pessoa e condiciona a mesma, pois afecta as suas práticas sociais, económicas, a sua condição existencial básica. Apesar da incerteza, os indivíduos tomam inúmeras decisões diárias. Tais decisões são possíveis porque o homem desenvolveu um conjunto de meios – estratégias, tecnologias e instituições – para tentar "contrariar" os efeitos da incerteza. No entanto, nem sempre a incerteza é "gerível", e muito menos os seus efeitos são contidos. A questão central na incerteza é tentar antecipar o inesperado.

A incerteza é natural e permanente, pois o mundo não é governado por princípios de ordem ou deterministas, e a mesma ocupa hoje uma posição chave na cultura contemporânea. O problema da incerteza é hoje abordado através de técnicas de análise da decisão que tentam tratar a mesma pelo recurso a métodos científicos (MORGAN e HENRION 1992, 2).

A incerteza domina também as decisões públicas. Os Governos são obrigados a decidir sobre problemas aos quais estão associados elevados graus de incerteza, transmitindo ao público a percepção de que controlam os acontecimentos, que sabem com precisão como o mundo irá evoluir. No entanto, a longo prazo, e face às consequências de determinadas decisões públicas, a percepção de controlo sentida pelo público, cede à certeza de que a incerteza não é dominável.

A incerteza deve ser compreendida de forma distinta da noção de risco. É que o vocábulo risco, como é normalmente utilizado no discurso, ora refere-se a algo susceptível de medida, ora a algo insusceptível de quantificação (KNIGHT 2005, 19). Mas a verdadeira incerteza é aquela sobre a qual não é possível produzir qualquer quantificação. Desta perspectiva, o risco distingue-se da incerteza porque o risco refere-se a uma "incerteza quantificável" (KNIGHT 2005, 20).

O terrorismo, consequência de comportamentos humanos, insere-se no campo das incertezas quantificáveis, ou seja, trata-se de um risco de difícil previsão e quantificação, mas, ainda assim, de um risco. Acresce que o risco do terrorismo não resulta apenas da estimativa da probabilidade da sua ocorrência (materialização) mas também do contexto em que o mesmo é avaliado. Sabemos que outros factores contextuais podem precipitar ou retardar determinadas acções, pelo que as interacções entre diferentes factores podem alterar o risco (e a percepção da probabilidade de verificação de um evento negativo aumenta o grau de insegurança).

O risco do terrorismo tem acompanhado o homem, com diferentes intensidades, há mais de mil anos (LAQUEUR 2002). Na longa evolução do fenómeno terrorista, a utilização da violência na promoção das convicções religiosas de determinados grupos, também não é nova e, no caso do Médio Oriente, terrorismo e religião partilham uma história comum (RANSTORP 1999, 115). O que será novo na base do seu ressurgimento é o conjunto diversificado de factores que levou a que, nos últimos anos, este terrorismo se manifestasse através de numerosos atentados, ímpares pela sua espectacularidade e número de fatalidades.

O crescimento do terrorismo de motivação religiosa surge como uma resposta às alterações ocorridas no sistema internacional desde os finais dos anos 1960, sendo acelerado pela queda do muro de Berlim, em 1989, e pela consequente proliferação de conflitos étnicos e religiosos. Esta realidade foi interpretada pelos grupos terroristas de motivação religiosa – sobretudo de matriz islâmica[3] – como um sinal de que era necessário preservar a identidade religiosa da comunidade, que Deus era o único garante dos seus valores. Estas reacções, por parte dos grupos religiosos radicais de matriz islâmica, são uma forma de autodefesa face à tentativa de entrada de valores seculares estrangeiros ou de valores laicos na sua sociedade, ou em resultado de uma intervenção estrangeira, por parte do ocidente, que é vista como colonialista ou neo-colonialista, ou ainda como uma reacção contra outras religiões (RANSTORP 1999, 124). O recurso à violência é voluntário e racional e os *"indivíduos entendem que a sua participação é importante porque o tamanho do grupo e a sua coesão são importantes"* (CRENSHAW 1998, 8).

Para compreender o terrorismo no contexto da nova realidade internacional não é possível continuar a reflectir sobre o mesmo a partir de visões tradicionais, pois estas não são adequadas à sua análise no ambiente actual. Nos nossos dias, a simples publicidade da neutralização de um atentado é suficiente para condicionar e transformar a vida de milhares de pessoas, bem como tem o potencial de mobilizar novos aderentes e indu-

---

[3] O Islão, hoje olhado como um obstáculo à liberdade, à ciência e ao desenvolvimento económico, foi no passado a força que possibilitou às sociedades islâmicas um papel inovador e pioneiro nestas três vertentes, quando estavam mais próximas no tempo das fontes de inspiração da sua fé. No entanto, a evolução e dinâmica interna destas sociedades levaram a um afastamento cada vez maior entre estas e o mundo ocidental.

zir fenómenos miméticos. A publicidade consegue transformar o insucesso em sucesso e deixa claro que a vida nas sociedades actuais é "organizada" em função do risco e, consequentemente, tem uma larga margem de incerteza, geradora de fortes sentimentos de insegurança. A mera existência de uma ameaça terrorista concreta é suficiente para condicionar o normal funcionamento da sociedade, e para manter uma sociedade em alerta permanente.

A insegurança manifestada relativamente ao terrorismo tem na sua base a percepção de que os ataques terroristas tornaram-se mais frequentes. No entanto, apesar de não se ter verificado um aumento da frequência das acções terroristas, a percepção dos indivíduos é afectada pela natureza cíclica da violência terrorista (SANDLER e ENDERS 2004). A insegurança também pode resultar da percepção de que as consequências das acções terroristas tornaram-se mais graves (SANDLER, ARCE e ENDERS 2008), e, de facto, actualmente um ataque terrorista apresenta um agravamento em 17% da probabilidade de ter como consequência mortes e/ou feridos[4], quando comparado com os atentados dos anos 1970 (SANDLER 2003).

Mas o risco não é determinado apenas pela existência da ameaça e da sua probabilidade de verificação, mas também pelas vulnerabilidades existentes e pelas consequências que podem resultar da materialização da ameaça. Esta questão ganha especial relevância quando reconhecemos o elevado grau de interdependências existentes nas sociedades actuais. De facto, falar de vulnerabilidades apenas pode ser feito tendo em consideração as interdependências (próximas e distantes) existentes.

Hoje é consensual que qualquer actividade humana envolve risco. O risco tornou-se um dos factores em torno do qual se organizam as actividades dos indivíduos e das organizações. Quanto mais profundamente se avança na sociedade de risco maior é a incerteza associada a certas actividades e decisões, pelo que os cidadãos, como forma de minimizar o impacto do risco, da "incerteza quantificável", recorrerem aos sistemas periciais. Cada vez mais as decisões são atribuídas aos peritos, porque a consciência da complexidade do mundo induzem-nos a acreditar nos especialistas.

---

[4] Este agravamento do risco de danos físicos talvez possa ser explicado pelo recurso, cada vez maior, à utilização de explosivos, em detrimento dos sequestros e tomadas de reféns, utilizado com grande frequência nos anos 1970. Para além da alteração dos *modi operandi* e do armamento, os alvos também mudaram, sendo cada vez mais a acção dirigida contra alvos que concentram elevado número de indivíduos e que apresentam um elevado grau de vulnerabilidade à acção terrorista.

Ao longo dos séculos o vocábulo *risco* mudou o seu significado e alargou o seu campo de aplicação, sendo actualmente utilizado em variadas actividades humanas. A sua concepção evoluiu desde a Idade Média – em que era associado à "fortuna", à sorte – até à actualidade, onde está associado à incerteza e, normalmente, a consequências potencialmente negativas, e onde variadas categorias de risco se podem identificar (como o risco ambiental, o risco médico, o risco económico, o risco criminal, etc.).

A origem etimológica do termo risco não é clara (ZINN 2008, 7), sendo possível que proceda do latim *resecare*. Quanto às suas origens não existe consenso. Para uns autores o termo teria origem em França, para outros na Alemanha, em meados do século XVI, sendo que o termo latim *"riscum"* já era usado muito antes. As referências ao termo em inglês apenas aparecem na segunda metade do século XVII (LUPTON 1999, 5). Na língua portuguesa o vocábulo está ligado ao castelhano *riesgo* e ao italiano *risico* ou *rischio*. O termo é frequentemente relacionado com as primeiras explorações marítimas, associado aos seguros marítimos.

No século XVI, durante as grandes viagens marítimas, o termo risco era utilizado para designar os eventos que podiam comprometer a viagem e que eram interpretados como *"actos de Deus"*. Tal noção excluía a responsabilidade humana porque o "perigo" era associado a eventos independentes da vontade humana, ou não provocados pelo homem (LUPTON 1999, 5). Perante o desígnio da natureza e dos deuses, ao homem apenas restava, porque fora do seu controlo, tomar medidas para reduzir os "perigos" e confiar na vontade divina.

Durante o século XVIII, o risco começa a ser associado ao cálculo de probabilidades, a ser calculado de forma científica. O desenvolvimento da estatística e das probabilidades, bem como a expansão da indústria dos seguros resultam da ideia de que determinados tipos de eventos podem ser calculados e previstos. A estatística passa a ser utilizada para determinar a "norma" e os desvios à mesma, partindo do pressuposto que através de tal ordenação racional se poderia impor a ordem e colocar a desordem sob controlo (LUPTON 1999, 6).

No século XIX, o risco já não se encontra apenas ligado à natureza, mas passa também a estar associado às acções do homem. A associação do risco às acções do homem representa uma nova forma de ver o mundo e as suas manifestações caóticas, as suas incertezas e contingências. No discurso, o risco "substitui" a incerteza (LUPTON 1999, 7).

As alterações de significado e de uso do risco estão associadas à emergência da modernidade[5], a qual se encontra ligada ao "iluminismo", à afirmação de que a chave do progresso humano e da ordem social reside no conhecimento objectivo do mundo, através da exploração científica e do pensamento racional. Este evolucionismo utópico, na sequência das teorias sobre a modernização de Habermas a Marx, assume que a natureza e a sociedade regem-se por leis que podem ser medidas, calculadas e, portanto, assente na previsibilidade (LUPTON 1999, 6). No entanto, a modernidade, para além da oportunidade que representa para o homem poder usufruir de uma existência segura, tem um "lado sombrio" representado pelo potencial destrutivo do meio ambiente, dos conflitos militares e pela possibilidade de instauração de regimes totalitários (GIDDENS 2002, 5-7).

Anthony GIDDENS[6] afirma que o termo risco só nasce na época moderna, ao mesmo tempo que emerge, no sentido moderno, a ideia de acaso (2002, 21 e 24). A noção deriva do reconhecimento de que certos resultados imprevistos são consequência das decisões e actividades do homem, e não consequência de propósitos ocultos da natureza ou da vontade de Deus (GIDDENS 2002, 21). Assim, o termo risco substitui a ideia de "fortuna", de "actos de Deus", o que constitui *"uma alteração na percepção da determinação e da contingência de tal modo que os imperativos morais humanos, as causas naturais e o acaso reinam no lugar das cosmologias religiosas"* (GIDDENS 2002, 24). Este reconhecimento e a crescente capacidade transformadora da acção humana seculariza o risco, e o homem passa a aceitar os riscos *como* riscos (GIDDENS 2002, 77 e 91).

Na modernidade, o risco surge associado a efeitos positivos e negativos, constituindo-se como um conceito neutro, associado à probabilidade de algo acontecer, combinado com a magnitude das perdas ou ganhos associados a um determinado evento (LUPTON 1999, 8). Mas, no final do século XX, durante os anos 1980 e 1990, no discurso corrente, o risco tende a ser, cada vez mais, associado a resultados negativos.

---

[5] A modernidade refere-se *"a modos de vida e de organização social que emergiram na Europa cerca do século XVII e que adquiriram uma influência mais ou menos universal."* (GIDDENS 2002, 5-7).

[6] Autor cujo trabalho é, de certa forma, central no desenvolvimento da sociologia na Europa e que talvez explique a rápida ascendência do conceito risco nas ciências sociais desde início da década de 1990. Outros autores que também contribuíram para o desenvolvimento do pensamento sobre o risco são John Adams, com a obra *Risk*, de 1995, e Peter Bernstein, *Against the Gods*, de 1996. Tratam-se de obras que emergiram da teoria da escolha racional e não da sociologia clássica (LOON, 2002, 6).

Neste mesmo período o conceito risco ganhou uma enorme popularidade, penetrando em múltiplos campos institucionais das sociedades modernas (governo, *mass media*, polícia, forças armadas, etc.) e, ao mesmo tempo, alargou as técnicas de avaliação a um número cada vez maior de áreas sociais, políticas e culturais (LOON 2002, 5). O enorme interesse e o conjunto de práticas desenvolvidas ao redor do conceito risco, como a *análise do risco*, a *avaliação do risco*, a *comunicação do risco* e a *gestão do risco*, teve, e tem, como consequência a publicação de um cada vez maior número de obras especializadas sobre o mesmo[7].

Consoante os autores, também as definições de risco variam. Assim, para BECK o risco é *"a forma sistemática de lidar com perigos e inseguranças induzidas e introduzidas pela própria modernização. Os riscos, em oposição aos antigos perigos, são consequências que se relacionam com a força ameaçadora da modernização e com a globalização da sua incerteza"* (1992, 21). Já para Giddens o *"perigo e o risco estão estreitamente relacionados, mas não são a mesma coisa"* (2002, 24).

O risco pressupõe o perigo, *"sendo este entendido como uma ameaça para os resultados desejados"* (GIDDENS 2002, 24). ERICSON e HAGGERT afirmam que o risco *"refere-se a um perigo externo, tal como um desastre natural, uma catástrofe tecnológica ou ao comportamento ameaçador por parte de seres humanos"* (1997, 3). Estes autores integram ainda no significado social do risco as regras de comunicação, formatos e tecnologias usadas para gerir os perigos (1997, 17).

Os discursos do risco, sobre o risco e sobre a sua gestão têm-se tornado proeminentes nas duas últimas décadas, a par do crescimento do interesse académico em certas áreas disciplinares, como a gestão, o direito, a sociologia, a ciência política e as relações internacionais. A investigação sobre o risco tem recorrido a um largo conjunto de metodologias e perspectivas teóricas, sugerindo os desenvolvimentos recentes a relevância dos factores sociais e culturais na compreensão do mesmo. As tendências actuais também revelam uma mudança nas noções de risco que vão muito para lá da abordagem estritamente realista, num contexto geral de incerteza societal.

Várias abordagens epistemológicas ao risco podem ser identificadas (LUPTON 1999; ZINN 2008), como a abordagem realista, sociológica, psi-

---

[7] No campo das revistas científicas, várias se podem identificar como a Health, Risk & Society; Human and Ecological Risk Assessment; Journal of Medical Risk; Journal of Risk Research; Medical Risks e a Risk, Decision and Policy.

cológica e a económica. As quatro abordagens sugerem que o risco se tornou um conceito político e cultural penetrante, que influencia o carácter da vida social contemporânea. Outro aspecto que se pode constatar é que as várias abordagens tendem a utilizar de forma quase indistinta os termos risco, perigo e ameaça o que, de um ponto de vista estritamente técnico, é incorrecto, uma vez que são conceitos distintos.

A abordagem sociológica engloba várias perspectivas (LUPTON 1999), como a *sociocultural*, desenvolvida pela antropologista Mary Douglas. A sua análise centra-se na distinção entre o "eu" e os "outros", na construção social da *otherness*. O "outro" é visto como fonte de preocupação e medo e, por vezes, fascinação. Douglas traça a transformação do "moralismo da poluição", baseada essencialmente no quadro do pecado religioso, para uma perspectiva secular em que as ameaças são entendidas primariamente como riscos. A culpa pode ser associada à vítima (a pessoa em risco) ou atribuída à causa de risco (culpa do estranho ou do estrangeiro).

A *governmentality* é outra das perspectivas, centrada no trabalho de Michel FOUCAULT. Segundo esta, as assunções sócio-culturais, bem como o exercício da autoridade institucional e o constrangimento físico são os mecanismos através do quais o poder é exercido no seio da Sociedade. As estruturas de poder baseadas culturalmente podem ser complexas e intersectarem-se e não estão necessariamente centradas no Estado-nação.

Na abordagem sociológica, destaca-se a perspectivas *"sociedade de risco"*, tendo como autores de referência Anthony GIDDENS e Ulrich BECK. O seu tema central é a análise das percepções do risco e as respostas ao mesmo no quadro de descontinuidade cultural que leva à emergência de uma nova forma de modernidade. Para os autores, a gestão dos riscos civilizacionais tornou-se fundamental, ao mesmo tempo que a confiança nos peritos e nas autoridades tende a decair à medida que os indivíduos se apercebem das limitações dos decisores políticos. A quebra da ordem tradicional da vida leva a uma maior individualização e a um aumento da incerteza e ansiedade.

Nesta perspectiva, a *Die Risikogesellschaft. Auf dem Weg in eine andere Moderne* (A sociedade de risco), de 1986, de BECK é uma das obras fundamentais. A publicação da obra coincidiu com o acidente de Chernobyl, o que, considerando as teses apresentadas no livro, talvez explique, em parte, a sua popularidade. Nesta obra, os aspectos políticos do risco e a autocrítica que é inspirada pelo mesmo são centrais (LUPTON 1999, 65). Beck examina as inseguranças da sociedade actual de um ponto de vista sociológico, afirmando que estamos a assistir ao começo da modernidade (1992, 10), em que as "sociedades industriais tardias" estão em transição para uma sociedade a que BECK chama "sociedade de risco".

BECK afirma que a *"aceleração da modernização produziu uma cisão entre o mundo dos riscos quantificáveis em que pensamos e agimos, e o mundo das inseguranças não quantificáveis que estamos a criar"* (2002b, 40). Esta cisão requer um delicado equilíbrio entre as contradições geradas pela continuidade e pela ruptura dentro da modernidade, reflectida no antagonismo entre modernidade e sociedade industrial e entre sociedade industrial e sociedade do risco (1992, 9). Segundo BECK, ainda não vivemos na sociedade de risco, mas também não vivemos apenas na sociedade industrial. O que está a acontecer é que a modernização actual está a dissolver a sociedade industrial para dar lugar a uma nova modernidade, a qual irá operar alteração nos modos de pensamento e de acção (1992, 20).

Apesar do exposto, BECK afirma que a sociedade de risco é ao mesmo tempo uma sociedade industrial, na medida em que é principalmente a industria, em conjugação com a ciência, que cria os riscos da sociedade de risco. Na perspectiva de BECK, os desenvolvimentos tecnológicos e o papel atribuído à ciência e ao conhecimento comportam uma dimensão negativa, pois as consequências dos desenvolvimentos científicos e industriais são um conjunto de riscos que a humanidade nunca antes enfrentou. Tais riscos não podem ser limitados no tempo nem no espaço, ninguém pode ser responsabilizado e a indemnização daqueles que são afectados por eles está a tornar-se impossível de calcular.

Para além dos bens produzidos na sociedade industrial moderna, fruto da energia nuclear, da engenheira genética, da nanotecnologia, muitos riscos – poluição, radiação ionizante, contaminação da cadeia alimentar – estão também a produzir consequências imprevisíveis, incontroláveis e incomunicáveis. O progresso torna-se factor de auto-destruição, não através da luta de classes ou pela revolução, como MARX predizia, mas como consequência não intencional do processo inexorável da própria modernização. O optimismo no progresso humano, baseado na ciência e na acção racional desintegra-se e os indivíduos sentem necessidade de buscar e inventar novas certezas para si próprios (LUPTON 1999, 67).

Na sociedade industrial clássica a lógica de produção de "bens" dominava a lógica de produção do risco. Na sociedade de risco tal lógica é invertida (THOMPSON 1996, 89), pois a produção social de riqueza é sistematicamente acompanhada pela produção social de riscos. Como consequência, a actual civilização colocou-se numa situação em que os perigos que enfrenta já não derivam primordialmente da natureza e têm um efeito *boomerang* pois, mais cedo ou mais tarde, acabam por afectar aqueles que os produzem (BECK 1992, 23), não conhecendo fronteiras ou status social (como por exemplo, a precipitação radioactiva).

Na sociedade de risco, a avaliação do risco está sujeita a um elevado grau de ambivalência, devido à complexidade da sociedade e ao domínio da tecnologia (LUPTON 1999, 64). No início da industrialização os riscos e os perigos eram evidentes, podiam ser sentidos (observados a olho nu), hoje muitos dos riscos mais graves escapam a esta percepção pois estão encerrados em fórmulas químicas ou situam-se na "esfera da física" (como por exemplo, as toxinas na alimentação e a ameaça nuclear). São riscos que escapam às percepções do cidadão comum, e que apenas o conhecimento científico pode compreender (LUPTON 1999, 64). Por isso a sua discussão faz-se no campo científico, em que interpretações rivais se multiplicam, e em que o debate sobre modelos e metodologias tende a paralisar qualquer solução.

Vivemos pois numa sociedade que se caracteriza pelo facto, historicamente inédito, de ser ela mesma que cria os principais riscos que tem que enfrentar, riscos resultantes do desenvolvimento técnico-económico, em que as forças produtivas e o poder da tecnologia estão a ser ensombrados pela produção de riscos. O problema a resolver já não é tornar a natureza útil ou libertar a humanidade dos constrangimentos tradicionais (BECK 1992, 19), como acontecia na sociedade industrial (baseada na antítese entre natureza e sociedade), mas gerir os problemas resultantes do desenvolvimento técnico-económico (BECK 1992, 81). A ciência torna-se cada vez mais necessária e cada vez menos suficiente para definir e avaliar os riscos, não conseguindo responder aos perigos actuais, caracterizados pela sua grande escala e natureza indeterminada (LUPTON 1999, 64).

Perante tal quadro, os leigos tornam-se cépticos relativamente à ciência pois atribuem-lhe muitos dos riscos que enfrentam, ao mesmo tempo que o conhecimento científico sobre certos riscos demonstra ser incompleto e, muitas vezes, contraditório, não resolvendo os problemas por si criados. Como a ciência deixa de ter capacidade para responder e intervir no laboratório global em que se transformou o mundo, os indivíduos têm de lidar com a insegurança e a incerteza permanente e os cientistas perdem a sua autoridade na avaliação do risco (LUPTON 1999, 64), sendo as suas avaliações cada vez mais desafiadas por grupos políticos e por activistas pois a *"promessa de segurança cresce com os riscos e destruição e tem de ser reafirmada uma e outra vez a um público alerta e crítico através de intervenções cosméticas ou reais no desenvolvimento técnico-económico"* (BECK 1992, 20). Esta situação gera um contínuo debate entre os que produzem as avaliações/definições do risco (peritos) e os que as "consomem" (leigos), tornando-se claro que a ciência não permite um acesso a verdades indiscutíveis, nem configura uma racionalidade superior à da generalidade das outras actividades humanas, pelo que, na sociedade de risco, o risco torna-se um conceito político (LUPTON 1999, 68).

O conceito risco está intrinsecamente relacionado com o conceito de modernidade reflexiva[8]. O termo "reflexiva" não significa, segundo BECK, apenas "reflexão" mas a "auto-confrontação", efeito secundário não pretendido da modernidade. BECK defende que, para as sociedades realmente evoluírem, a modernização tem de se tornar reflexiva, isto é, tornar-se o seu próprio tema. É o processo de modernidade que se examina e autocrítica.

A reflexividade processa-se em duas fases: a primeira faz parte da transição automática da sociedade industrial para a sociedade de risco, em que os riscos são produzidos como parte do processo de modernização, mas não são ainda sujeitos a debate (sustentado) público ou conflito político (LUPTON 1999, 66); numa segunda fase, a sociedade industrial ao ver-se como sociedade de risco, com o aumento da percepção dos perigos envolvidos na modernização, coloca em questão as estruturas da sociedade (LUPTON 1999, 67). Como afirma BECK, os riscos são politicamente reflexivos (1992, 21), porque as ansiedades relativas ao risco colocam em questão as práticas actuais.

A consciência da natureza global dos riscos leva ao desenvolvimento da cooperação internacional, as fronteiras políticas são removidas, e estabelecem-se alianças globais. Por este processo a sociedade de risco transforma-se na *"world risk society"*, na qual a esfera pública do debate e da acção política é globalizada, levando à cidadania global, bem como a uma nova forma de política para além das hierarquias tradicionais (LUPTON 1999, 66). O risco, enquanto conceito moderno, tem implícito um processo decisório, de cálculo de incertezas futuras (BECK 2002b, 40) mas, quando entramos na *"world risk society"*, o indivíduo é colocado perante um

---

[8] O cientismo reflexivo tem o efeito de criar incertezas sobre a ciência porque mina a crença de que a ciência oferece conhecimento indubitável (ERICSON e HAGGERTY 1997, 98). Ao mesmo tempo a ciência reconhece que das suas próprias descobertas resultam riscos, bem como da integração de tais descobertas nas tecnologias, pelo que a avaliação do risco e a implementação de medidas preventivas devem estar integradas em cada passo da produção científica (ERICSON e HAGGERTY 1997, 97).

mundo de riscos incontroláveis, o que é uma contradição de termos, pois calcular os riscos era parte essencial da "primeira modernidade" (BECK 2002b, 41). Ao contrário dos riscos produzidos durante a sociedade industrial do século XIX e da primeira metade do século XX, os riscos actuais já não se limitam a certos locais ou grupos, mas têm tendência para afectar o globo, tornando-se numa ameaça supranacional e abrangente de todas as classes.

Se no início tais riscos podiam ser minimizados, porque se tratavam de efeitos colaterais latentes, à medida que se tornam globais e objecto de atenção e de crítica do público e de investigação, assumem importância central nos debates sociais e políticos (THOMPSON 1996, 89). No centro do debate encontram-se os riscos e as consequências da modernização, representados como ameaças irreversíveis à vida no planeta, como "riscos incontroláveis", que não conhecem fronteiras e afectam todas as sociedades, que não podem ser controlados a nível local ou ao nível do Estado-Nação: são riscos "*glocais*" (TULLOCH e LUPTON 2003, 2). A natureza[9] de tais riscos devolve o conceito risco à sua noção pré-moderna de "inseguranças incalculáveis" (LUPTON 1999, 64).

Os riscos contemporâneos resultam do aumento do conhecimento do homem e são consequência de decisões tomadas por empresas e grupos políticos em função de vantagens técnicas e económicas (LUPTON 1999, 65). Os riscos, como vimos, não são uma invenção da modernidade, o que mudou foi a escala – de um nível pessoal e local, para uma escala global, onde os riscos não são facilmente calculados, na sua magnitude (TULLOCH e LUPTON 2003, 3) e nas suas consequências. Esta realidade implica que nenhuma instituição, por si só, possa prevenir tais riscos ou compensar os seus efeitos. Os riscos actuais podem ser minimizados, mas não neutralizados. As consequências e a incerteza associadas ao risco colocam em crise a confiança, o sentimento de continuidade e a segurança ontológica, demonstrando a estrita relação que se estabelece entre confiança e segurança.

---

[9] Estes riscos são caracterizados por três dimensões (BECK 2002b, 41): dimensão espacial, riscos como a poluição não conhecem fronteiras; dimensão temporal, determinados perigos têm períodos de vida muito longos, como os resíduos nucleares ou os organismos geneticamente modificados, que escapam aos procedimentos normais de controlo e; dimensão social, apesar dos perigos estarem ligados à responsabilidade do homem (LUPTON 1999, 65), em termos juridicamente relevantes, torna-se difícil determinar a responsabilidade, pois resultam dos efeitos combinados de variados actores.

Na sociedade de risco as instituições que produzem segurança consistem de sistemas periciais do risco que estão interligados no tempo e no espaço através de regras de comunicação, formatos e tecnologias (ERICSON e HAGGERTY 1997, 45). Os sistemas periciais são sistemas *"de realização técnica, ou de pericialidade profissional, que organizam vastas áreas do ambiente material e social em que vivemos"* (GIDDENS 2002, 19).

Os sistemas periciais influenciam de forma contínua muitos dos aspectos da vida diária que se funda no conhecimento dos peritos. As nossas escolhas diárias são feitas com base na aceitação de um certo risco e na confiança que depositamos nos peritos, como forma de minimização do risco. A vida está cheia de gestos simples que demonstram a nossa confiança nos sistemas periciais: sempre que abrimos a torneira da água, levantamos dinheiro numa caixa Multibanco, vamos a uma bomba de gasolina pôr combustível no carro ou fazemos uma chamada telefónica confiamos que teremos o resultado pretendido, reconhecendo implicitamente que o objectivo por nós pretendido é o resultado de acções e processos coordenados e complexos que tornam possível a nossa vida actual.

A confiança nos sistemas periciais é a condição de distanciamento espaço-temporal e da segurança diária oferecida por uma miríade de organizações. O termo "confiança" é utilizado frequentemente na linguagem, podendo definir-se como *"a segurança na credibilidade de uma pessoa ou na fiabilidade de um sistema, no que diz respeito a um dado conjunto de resultados ou de acontecimentos em que essa segurança exprime fé na integridade ou no amor de outrem, ou na correcção de princípios abstractos (conhecimento técnico)"* (GIDDENS 2002, 24).

No referencial da sociedade de risco, as *"instituições que fornecem segurança oferecem confiança e riscos aceitáveis na forma de garantias, seguros e previsibilidade"* (ERICSON e HAGGERTY 1997, 85), tentando as instituições tornar a confiança tangível, pois os riscos são, de certo modo, efémeros, sempre sujeitos a revisão político-culturais. No mesmo sentido, GIDDENS define segurança *"como uma situação em que um conjunto específico de perigos é contrariado ou minimizado. A sensação de "segurança" baseia-se geralmente num equilíbrio entre a confiança e o risco aceitável"* (GIDDENS 2002, 25).

Na sociedade de risco procede-se ao controlo do irracional por meios racionais (ERICSON e HAGGERTY 1997, 86), recorrendo ao cálculo de probabilidades como tentativa de domínio da incerteza. A racionalização do risco destina-se a reduzir as incertezas e o medo de modo a que o indivíduo sinta confiança para actuar (ERICSON e HAGGERTY 1997, 87).

A confiança, a segurança ontológica e o sentimento de continuidade das coisas e das pessoas estão intimamente ligados. A segurança ontológica está ligada à continuidade e à *"constância dos ambientes sociais e materiais envolventes. Um sentido de fiabilidade das coisas e de credibilidade das pessoas, tão central na noção de confiança, é básico para os sentimentos de segurança ontológica"* (GIDDENS 2002, 64). A confiança tem de ser entendida em relação com o risco, pressupondo o reconhecimento das circunstâncias do risco, *"servindo a confiança para reduzir ou minimizar os perigos a que determinados tipos de actividades estão sujeitos"* (GIDDENS 2002, 24).

A avaliação do risco é a forma de reagir a esta nova realidade, implicando que a gestão do mesmo dependa da informação existente e da análise (interpretação e contextualização) desta pelos actores da segurança para que a sua actuação se faça com base no conhecimento[10]. Como é natural, frequentemente a informação disponível é de difícil interpretação porque o contexto não é claro, em parte porque estamos, como já referimos anteriormente, perante uma "liquidificação da realidade" (BAUMAN 2000). Tal realidade coloca os actores da segurança perante um mundo em que a decisão tem de ser formulada num "espaço" de "pontos dispersos de informação", sem interconexão (LIBICKI e PFLEEGER 2004, 1), como por exemplo, nos casos de investigações de terrorismo.

Assim, na sociedade de risco, a segurança não se obtém apenas pelas medidas repressivas, punitivas ou preventivas, mas também através da vigilância[11], da produção de conhecimento das populações o qual é usado na sua administração, pois permite a definição de limiares de risco aceitáveis (ERICSON e HAGGERTY 1997, 41). Na sociedade de risco, o conhecimento deixou a periferia e ganhou uma centralidade que penetra todos os

---

[10] O conhecimento é aquilo o que os indivíduos adquirem através da interacção com o mundo, estando disponível a vários níveis – do tácito – o que sabemos e usamos sem expressar em palavras – ao explícito – o que podemos formular e explicar. É algo que os indivíduos usam para dar significado a eventos. Permite construir modelos mentais que permitem planear acção e implementar a mesma de acordo com determinado objectivo.

[11] Não se trata de algo novo, de facto, por exemplo, a Lei que criou o cargo de Intendente Geral de Polícia da Corte e do Reino, em 25 de Junho de 1760, instituiu um conjunto de medidas de vigilância em que, por exemplo, cada bairro tinha um livro de registo de todos os moradores, com a exacta declaração do ofício, modo de viver ou subsistência e qualquer mudança de residência tinha de ser comunicada às autoridades.

sectores da actividade humana, incluindo a segurança (ARQUILLA e RONFELD 1997) e é fundamental para gerir o risco e a confiança. É o conhecimento que liga os actores da segurança à comunidade, que estabelece o reconhecimento da sua *pericialidade* na segurança.

O monopólio estatal da violência é complementado pelos novos meios de pesquisa e análise de informação, que são uma forma de vigilância, estando os indivíduos sujeitos à mesma através das instituições a que pertencem (ERICSON e HAGGERTY 1997, 41). As tecnologias do risco – procedimentos e instrumentos (tabelas de classificação, estatísticas e probabilidades) – tornam o ambiente mais *gerível* e mais previsível pela categorização dos indivíduos e das organizações. Certos indivíduos, porque têm determinados perfis de risco, são sujeitos a formas específicas de vigilância – criminal, social, mental, sanitária, etc. Outros perfis sujeitam os indivíduos a impostos, educação, licenciamentos diversos, bem como à vigilância privada – crédito, saúde, viagens (passageiro frequente, bombas de combustível, estradas utilizadas, etc.). ERICSON e HAGGERTY defendem que quanto maior a confiança num indivíduo maior o número de entidades que o vigiam, maior o número de mecanismos de vigilância destinados a garantir a continuação de confiança (1997, 42).

Aqueles que produzem segurança, tal como as restantes organizações, necessitam de conhecer em permanência o mundo exterior e as dinâmicas internas de modo a poder reagir aos riscos e às oportunidades. Aliás, tal conhecimento é crítico nas actividades da polícia, um dos actores da segurança, pois o risco e a ameaça são objecto da sua constante reflexão na actividade de prevenção. A polícia, ao fazer do risco objecto da sua reflexão (na sua actividade essencial de prevenção) reflecte não sobre a *"segurança existente, mas na insegurança possível"* (L'HEUILLET 2004, 177), a polícia, que assegura a segurança, está ela *"na origem da produção de insegurança"* (L'HEUILLET 2004, 177). A consciência da incerteza, da probabilidade de que algo pode acontecer – probabilidade consciente – induz a insegurança. A *"insegurança e a segurança não são mais do que simples representações"* (L'HEUILLET 2004, 75).

Quando as instituições do Estado respeitam a justiça e existe confiança, nasce o sentimento de segurança, o qual corresponde ao esquecimento da existência da injustiça, da agressão, do crime. O *"sentimento de segurança reside no esquecimento do risco de acidente"* (L'HEUILLET 2004, 177). Com a sobrevivência assegurada criam-se condições favoráveis à reflexão e esta permite pensar nos riscos e ameaças que impendem, porque os riscos e as ameaças não desaparecem com a existência de instituições que zelam pela justiça – o esquecimento do perigo favorece o medo do perigo e os indivíduos oscilam entre a consciência da sua tranquilidade e o conhecimento dos riscos que impendem sobre si. A *"segurança é, portanto, por definição, uma noção negativa; é ela própria consciência da insegurança"* (L'HEUILLET 2004, 178), pelo que a *"segurança não pode ser uma finalidade da política (...) porque constitui um objectivo infinito e inatingível"* (L'HEUILLET 2004, 178).

Também a burocracia é uma forma de vigilância (ERICSON e HAGGERTY 1997, 94) que permite o exercício do controlo com base no conhecimento, é *"uma forma de autoridade baseada tanto no comando do conhecimento abstracto como em regras de comunicação do risco, formatos e tecnologias para a produção e distribuição do conhecimento útil à administração"* (ERICSON e HAGGERTY 1997, 95).

O conhecimento, como instrumento da gestão do risco também se pode associar à ideia de *governmentality* de FOUCAULT[12]. Este conceito descreve o alargamento do escopo do Governo, facilitado pela emergência das ciências humanas, as quais forneceram novos mecanismos de cálculo, especialmente as estatísticas, que tornaram possível tipos particulares de conhecimento sobre as populações. Por exemplo, hoje, as estatísticas sobre as taxas de criminalidade, o número de inquéritos entrados, o número de condenações, as categorias de indivíduos (desagregados por idade, sexo, estado civil, habilitações literárias, etc.), podem ser correlacionados com dados geográficos e demográficos, tornando-se fontes de informação para as políticas e os programas do Governo na área da justiça criminal. Tal conhecimento pode ser utilizado pelos Governos para regular e gerir as populações, com base em perfis de risco (criminoso/ /vítima) através de formas de intervenção diversas.

Esta gestão do risco também se baseia no "poder da biografia", no "biopoder", no poder de construir perfis biográficos (classifica os indivíduos, ordena-os em categorias e qualifica-os) de populações humanas para a gestão do risco e o fornecimento de segurança. O social é o espaço do biopoder, pois as instituições negoceiam as classificações das populações, os formatos para comunicarem essas classificações entre si e a forma

---

[12] Para Foucault a *governmentality* é o conjunto formado pelas instituições, procedimentos, análises, cálculos e tácticas que permitem o exercício de uma forma de poder muito específica e complexa, que tem como seu alvo a população e como principal forma de conhecimento a economia política. O seu meio técnico essencial é o aparelho de segurança.

como essas comunicações servem para a acção na governação responsável (ERICSON e HAGGERTY 1997, 97). Pela vigilância burocrática é produzido e distribuído o conhecimento necessário à gestão e administração do risco, em última análise a *"gestão do risco é uma forma de aritmética política destinada a gerir os destinos de várias populações à distância"* (ERICSON e HAGGERTY 1997, 94).

Na sociedade de risco, a vigilância e a segurança assumem a centralidade da actividade da polícia, a qual passa a concentrar-se na construção de perfis de risco dos indivíduos. O controlo passa a ser feito por meio da vigilância de populações que são agrupadas em categorias de risco, e a segurança passa a ser garantida com base em mecanismos relacionados com a avaliação e a gestão do risco. A adopção de tecnologias de vigilância transforma a natureza da supervisão policial: tradicionalmente a supervisão policial tem sido pessoal e retrospectiva, com a concentração no produto do trabalho policial, em vez de ser na actividade da mesma mas, com as tecnologias de vigilância, a supervisão é crescentemente prospectiva, porque é baseada nos sistemas e nas tecnologias de informação (ERICSON e HAGGERTY 1997, 58).

Do nosso ponto de vista, a vigilância é uma forma de "poder suave" porque tem o potencial de levar os outros a alterarem os seus comportamentos apenas pela sua influência, estando este poder normalmente associado a recursos intangíveis. A consequência desta afirmação no combate ao terrorismo é que este não se combate apenas com a força, mas com a força inteligente[13], como o recurso à vigilância.

A noção de vigilância tende a evocar imagens de um *"big brother"* omnipresente e que tudo vê, sem ser visto. Hoje, as inovações tecnológicas tornaram real e possível a recolha e análise de elevadas quantidades de dados provenientes das mais diversas transacções electrónicas (cartões de crédito, Multibanco, "via verde", etc.). Para além destas, acrescenta-se ainda as imagens captadas por câmaras de vídeo-vigilância que perscrutam o espaço público e privado em contínuo. Na actual sociedade, a ubiquidade da vigilância é uma realidade a que todos os cidadãos estão submeti-

---

[13] O reconhecimento desta realidade implica a possibilidade de utilização de vários instrumentos que se distribuem ao longo de um *continuum* que varia entre o "poder suave" e o "poder duro". Um *continuum* que varia entre a ideia de que o dirimir dos conflitos pode ser feito com base na cooperação, sem que seja necessário recorrer à ordem política (Locke), e a ideia de que os conflitos só podem ser regulados pelo recurso à repressão dos egoísmos individuais como forma de garantir a paz e a segurança (Hobbes).

dos. A ideia de vigilância total e permanente pode ser encontrada no panóptico[14] de Jeremy BENTHAM.

Michel FOUCAULT[15] afirma que o efeito mais importante do panóptico é *"induzir no detento um estado consciente e permanente de visibilidade que assegura o funcionamento automático do poder."* (FOUCAULT 1991, 177). Trata-se de fazer com que a vigilância seja permanente nos seus efeitos, mesmo que descontinua na sua acção, fruto da dissociação do binómio "ver – ser visto"(FOUCAULT 1991, 178). A vigilância, o "ser visto sem ver", a certeza da observação, condiciona os comportamentos e permite exercer uma observação individual, caracterizadora do observado e a sua consequente classificação. A separação da multidão *"massa compacta, local de múltiplas trocas, individualidades que se fundem"* (FOUCAULT 1991, 177), em colecções de indivíduos separados, torna os mesmos controláveis.

Para FOUCAULT, o panóptico cria e mantém *"uma relação de poder independentemente daquele que o exerce"* (FOUCAULT 1991, 178), ou da sua motivação, pelo que o panóptico é uma tecnologia política e, enquanto instrumento definidor de relações de poder, contribuí para o aperfeiçoamento do exercício do mesmo. O panóptico organiza e intensifica o poder, torna as forças sociais mais fortes e assegura, através de uma vigilância permanente, a possibilidade de intervir a qualquer momento, antes que os

---

[14] O panóptico era a prisão ideal que, através da concepção arquitectónica, permitia aos carcereiros uma visão total e permanente de toda a infra-estrutura. No centro desta estrutura situava-se uma torre de vigia, na periferia uma construção em anel, dividida em celas com duas janelas, uma para o exterior e outra para o interior, permitindo que, pelo efeito de contra-luz, o vigia da torre pudesse vigiar em permanência as silhuetas dos detidos que estão nas celas. Mas estes, em virtude das persianas que ocultavam o interior da torre de vigia, não podiam observar os seus carcereiros. *"O dispositivo panóptico organiza unidades espaciais, que permitem ver sem parar e reconhecer imediatamente"* (FOUCAULT 1991, 177), quem está na cela é visto, mas não vê, não comunica e essa é a "garantia de ordem".

[15] A maior parte do interesse sobre o controlo social resulta dos trabalhos de Foucault sobre a disciplina, poder, conhecimento, regulação e governabilidade. Em *Vigiar e Punir*, Foucault mostra como chegou ao tema do poder e da dominação. Esta obra apresenta o pensamento do autor sobre a forma como a elite domina e controla a restante sociedade. FOUCAULT acreditava que a sociedade não havia sofrido qualquer avanço desde o Renascimento, só a tecnologia havia evoluído e escravizado ainda mais o espírito humano. Nesta obra, FOUCAULT quase que assume uma perspectiva anarquista, considerando a antipatia que nutria pelas regras da sociedade e pelo efeito que as mesmas têm no espírito humano.

crimes sejam cometidos, de modo que a sua eficácia repousa no seu carácter preventivo (FOUCAULT 1991, 182).

Este poder disciplinar infiltrou-se e permitiu distribuir os efeitos do poder até aos elementos mais longínquos e proceder a uma *"distribuição infinitesimal das relações de poder"* (FOUCAULT 1991, 190). O poder, que resulta da vigilância, é um poder intenso, capilar, baseado numa rede completa de vigilância, que gere os riscos com base em análises e separações múltiplas, criando uma sociedade disciplinar[16] porque os indivíduos, pela ilusão da vigilância constante e permanente (por exemplo, o efeito simbólico da vídeo-vigilância é maior que o seu efeito para prático[17]) se auto-disciplinam[18]. Por esta via, na sociedade da vigilância, é possível proporcionar a um pequeno número, ou a um só, a visão instantânea da grande multidão.

Insegurança e securitização

O Estado e a organização social estabeleceram-se em redor da segurança. A segurança sempre foi, e é, um requisito fundamental, quer para a constituição do grupo, quer para a sua continuidade e expansão. Sabemos que ao longo da história as sociedades arcaicas foram intermitentemente abaladas por períodos de lutas mais ou menos intensas e em

---

[16] A sociedade disciplinar forma-se ao longo dos séculos XVII e XVIII pela extensão progressiva dos dispositivos de disciplina a todo o corpo social. De acordo com FOUCAULT, a "disciplina" é um *"tipo de poder, uma modalidade para exercê-lo, que comporta todo um conjunto de instrumentos, de técnicas, de procedimentos, de níveis de aplicação, de alvos"* (FOUCAULT 1991, 189), é uma tecnologia do poder.

[17] A vigilância pode ser usada para dissuadir (quando ostensiva) o potencial criminoso de actuar, para recolher informação policial e provas, quando devidamente autorizados por entidade judiciária, que podem servir de base à acusação de um suspeito.

[18] O efeito preventivo e auto-disciplinador do panóptico parte do pressuposto que os indivíduos são todos racionais, no entanto, a realidade mostra que os indivíduos possuem apenas uma "racionalidade limitada". O conceito "racionalidade limitada" foi desenvolvido por Herbert SIMON, prémio Nobel da economia de 1978 (pelos estudos da racionalização na tomada de decisões). Sendo o seu campo de eleição a economia, debruçou-se sobre a estrutura psicológica da escolha humana avançando com a Teoria da Decisão, na qual, para além de descrever o processo decisório, estabelece a distinção entre diferentes tipos de decisões. Segundo SIMON, e de uma forma muito sintética, a "racionalidade" é "limitada" pela falta de conhecimento sobre as consequências das decisões e pelos laços pessoais e sociais dos indivíduos.

todas as épocas existiu contestação, ainda que limitada a determinados valores societais.

Hoje, e ao contrário do que é normalmente percepcionado, os riscos a que nos encontramos habitualmente submetidos são significativamente mais baixos quando comparados com a maioria dos cenários pré-modernos (GIDDENS 2002, 75). Hoje conseguem-se níveis de segurança mais elevados, em áreas mais vastas do que em qualquer outro momento histórico.

As sociedades pré-modernas, para além de serem afectadas, por vezes de forma drástica e imprevisível, pela natureza, ainda tinham de enfrentar uma fonte adicional de insegurança: a violência dos homens sobre os "outros" homens. Se o nível de violência intra-espécie era baixo nas sociedades de caçadores-recolectores, o advento da "força armada" organizada e a impossibilidade dos Estados agrários garantirem o completo monopólio do controlo dos meios de violência tornava a vida das populações bastante insegura face a exércitos invasores ou a bandos de saqueadores.

A violência é um fenómeno que acompanha o homem desde os primeiros momentos de vida até à morte. O nascimento do ser humano é um acto violento, o feto abandona a segurança do líquido amniótico e enfrenta a atmosfera, estranha e agressiva. Depois deste primeiro momento, e ao longo da sua vida, o homem é condicionado pela violência que outros exercem sobre si, e por aquela que ele exerce sobre os outros, quer sejam da mesma espécie, quer sejam de espécies diferentes.

São vários os autores que fixam a origem da violência no homem, como HOBBES, FREUD, LORENZ ou BOUTHOUL. Etimologicamente a palavra violência vem do latim Vis, ou seja, força. Efectiva ou virtual, a violência é indissociável do conflito, não podendo ser apenas reconduzida à coacção física, como afirma FREUND a violência *"é o meio último e radical que lhe dá* [ao conflito] *toda a significação"* (FREUND 1983, 97).

Numa primeira abordagem, a violência pode ser definida como uma ameaça à integridade física ou como uma ofensa física real causada intencionalmente por um actor. A violência consiste numa relação de poder e não apenas de força, desenrolando-se entre vários seres (pelo menos dois) ou agrupamentos humanos, de dimensão variável, que renunciam a outras formas de manter a sua relação para forçar directa ou indirectamente o outro a agir contra a sua vontade e executar os desejos de uma vontade estranha sob ameaças de intimidação, de meios agressivos ou repressivos, capazes de atentar contra a integridade física ou moral do outro, os seus bens materiais ou os seus ideais, capazes de levar ao aniquilamento físico em caso de resistência suposta, deliberada ou persistente (FREUND 1983, 97).

Réne Girard tem uma visão particularmente interessante sobre o conflito e a violência, com origem nas suas reflexões sobre literatura e sobre as origens da cultura humana. Para Girard todos os homens têm tendência de se imitarem mutuamente e, sobretudo, de imitarem mutuamente os seus desejos, afirmando o autor que o mimetismo é a principal fonte de rivalidade e violência. A sua teoria mimética não é apenas uma teoria de análise literária mas é também reveladora das fontes mais profundas da violência, repousando a sua força essencial no mecanismo da "vítima expiatória".

À luz da teoria mimética, os conflitos não acontecem por causa da diferença entre homens, mas por causa da vontade de imitar o outro para obter a mesma coisa, o que gera um conflito entre ambos por causa dos objectos de desejo. A rivalidade não é fruto de uma convergência acidental de dois desejos sobre o mesmo objecto: o sujeito deseja o objecto porque o rival o deseja também. Os dois desejos que convergem sobre o mesmo objecto opõem-se mutuamente e todo o mimetismo sobre o objecto desejado acaba por conduzir ao conflito (GIRARD 2002a, 217). A rivalidade mimética acaba por gerar a violência recíproca, uma violência de reflexos incessantes, nos quais os adversários se tornam duplos – um do outro – e perdem a sua identidade individual (GIRARD 2002b, 43).

Durante o conflito, as partes acabarão por esquecer o objecto de desejo e passar a desejar o próprio conflito. Nesta situação, a paz só pode ser restaurada se os actores encontrarem um escape para a sua "raiva". A forma encontrada pelas comunidades arcaicas para evitarem a desagregação violenta foi a invenção do "outro" ou, na terminologia de GIRARD, a "vítima expiatória", sobre a qual converge a violência colectiva. Esta vítima será o "bode expiatório" de todo o conflito, desempenhando o papel de concentrar sobre si toda a violência que se arrisca a abater sobre os membros da sociedade, acabando tal violência por reforçar e manter a coesão do grupo e proteger a comunidade (GIRARD 2002a, 13).

A vítima sacrificial é a única sobre quem pode ser exercida toda a violência sem perigo de retaliação, pois não existe ninguém para a defender. A violência mimética tem o potencial de pôr todos contra todos, enquanto a violência sobre o "bode expiatório" une todos contra um. Da reprodução da morte da vítima nascem os sacrifícios, os mitos, as interdições ou seja, as bases de toda a cultura humana, segundo GIRARD. Desta forma, a violência inconfessável, dissimulado pelos mitos falsos, está na base de toda a cultura, de toda a sociedade.

A violência engendrada pela violência mimética é, na terminologia de Galtung, a violência física que actua sobre o corpo e que, levada ao extremo conduz à morte. Para René GIRARD o sacrifício da vítima expiatória neutraliza a violência da sociedade, assumindo um papel regulador da violência no seu seio. Com a destruição física o inimigo desaparece e, dado que a ordem voltou, a vítima passa a ser vista como sagrada, transcendente. O sacrifício da vítima tem o poder de instaurar transcendência, ao mesmo tempo que restabelece a unanimidade entre os indivíduos da sociedade. A violência, na teoria mimética, é, ao mesmo tempo, instrumento e objecto universal de todos os desejos e é por isso que toda a existência social seria impossível se não existisse uma vítima, o "bode expiatório" (GIRARD 2002a, 215). O linchamento da vítima extingue o apetite de violência até à saciedade e acalma as rivalidades miméticas (GIRARD 2002b, 17).

Para regular a violência e evitar a justiça privada, o Estado precisou de garantir o monopólio da coacção legítima. No entanto, inicialmente a estrutura de monopólio do Estado era muito fraca, com as forças centrífugas – associadas à feudalização – a debaterem-se contra as forças centrípetas, que conduziam à centralização. Durante este período, os Estados, na Europa ocidental, estavam reduzidos a pequenas fatias de território, as quais constituíam "o reino". O crescimento do reino e a função governativa era deixada à iniciativa privada dos guerreiros locais, pois a sociedade medieval não tinha centros de poder com força suficiente para forçar os indivíduos a cumprir as determinações centrais.

Com o decorrer do tempo, as pequenas unidades territoriais foram sendo absorvidas pelas unidades maiores, ao mesmo tempo que tal dava lugar a um processo de pacificação interna, com a concentração gradual dos meios de violência e impostos nas mãos de um único governante. Os dois monopólios estão inter-relacionados, pois a cobrança de impostos permitia ao Estado manter o monopólio da força e esta por uma vez ajudava a manter o monopólio da cobrança de impostos (MENNELL 1992, 68).

Depois de estabelecido o monopólio da força, o Estado passou a garantir a segurança aos seus cidadãos, decidindo qual a segurança que a comunidade precisava e quais os meios a utilizar para tal fim. Neste paradigma, o Estado era o actor (BAYLEY e SHEARING 2001, 3 e ss.) organizacional que formulava os termos da procura e de fornecimento de segurança (BAYLEY e SHEARING 2001, 5), enquanto direito social, de forma igual a toda a sociedade, através de mecanismos públicos (KEMPA 1999, 198).

A segurança era o resultado da constituição da sociedade política, a qual correspondia à necessidade de segurança dos homens, no seguimento de, entre outros, HOBBES e LOCKE. Para HOBBES o homem é fundamentalmente potência, pelo que no estado de natureza os homens são egoístas, apenas limitados no seu *desejar* e *agir* pelas incapacidades materiais, defrontando-se, ao mesmo tempo, com a liberdade total e com o terror absoluto. O ponto de partida de HOBBES é que o homem é incapaz de se governar e o Leviatã, ao não admitir nenhuma esfera privada e autónoma do indivíduo, permite a vida em sociedade. Só uma autoridade superior e omnipotente que encarne a soberania pode impor a ordem e eliminar a violência.

A instauração da sociedade tem de resultar de um artifício (TUCK 2001). Só por meio da força os homens podem conviver em sociedade, pelo que o poder do grande Leviatã tem de ser absoluto para ser eficaz na repressão dos egoísmos individuais e garantir a paz e a segurança. O homem despoja-se integralmente da sua potência individual, transferindo-a para o Estado, para a autoridade pública (CHÂTELET, DUHAMEL e PISIER--KOUCHNER 1985, 51). O contracto de submissão que estabelece com o Estado atribui a este apenas direitos e, uma vez instituído, não pode ser contestado pelos que o instituíram sendo seu dever assegurar a tranquilidade e o bem-estar de todos os homens (CHÂTELET, DUHAMEL e PISIER--KOUCHNER 1985, 51; TUCK 2001).

LOCKE opõe-se à ideia de "contracto de submissão" de Hobbes, pois tem uma visão mais optimista sobre a livre determinação individual, em contraponto ao pessimismo de HOBBES. Para LOCKE, no estado de natureza os homens são livres e iguais, pelo que não existe *"nenhuma diferença natural que autorize um a limitar a liberdade do outro"* (CHÂTELET, DUHAMEL e PISIER-KOUCHNER 1985, 58). À medida que a sociedade se torna mais complexa e os riscos de conflito aumentam, os homens que *"desejam a plena realização dos princípios do direito natural, ou seja, o livre desenvolvimento de cada um"* (CHÂTELET, DUHAMEL e PISIER-KOUCHNER 1985, 58), instituem uma instância que organiza a sociedade. Os homens acordam em definir o poder público soberano encarregue de realizar o direito natural.

Para LOCKE, e ao contrário do defendido por HOBBES, o Estado primitivo do homem não é de guerra permanente, mas sim de paz e cooperação, sem que seja necessário recorrer à ordem política, porque o homem não é tão egoísta como havia sido descrito por HOBBES. Para LOCKE o Estado tem de assentar no consenso dos governados, e tem de ter por objectivo o seu máximo bem-estar. O Estado só durará enquanto servir o bem público e respeitar os direitos naturais dos cidadãos (CHÂTELET, DUHAMEL e PISIER-KOUCHNER 1985, 60).

O Estado, investido do seu poder soberano (o poder político supremo e independente) materializa o mesmo num quadro institucional e em meios de acção, com o fim de evitar que outros poderes sejam exercidos no interior do seu território, espaço no qual o Estado impõe a sua autoridade. Para a realização da sua capacidade de defesa e de resistência a centros de poder externos a si[19], o Estado recorre ao uso legítimo da força, concebida como um meio ao serviço do interesse geral, na procura do fim mínimo da política: a ordem pública nas suas relações internas e a defesa da integridade nacional nas suas relações externas.

O aparecimento, a partir dos anos 1970, da segurança privada, fornecida por privados a outros privados, coloca importantes desafios à ideia do contrato social, daí que se possa afirmar que a segurança está a passar por uma reestruturação global histórica. Depois de um período de aparente monopólio da segurança por parte do Estado, a emergência de actores privados como fornecedores de segurança opera uma redistribuição do monopólio das funções de segurança e, necessariamente, altera o papel da "segurança pública" na sociedade.

Como afirma CASTELLS, o *"Estado-Nação está a ser crescentemente submetido a uma concorrência (...) de fontes de poder indefinidas e, às vezes, indefiníveis"* (2003, 371). Invariavelmente a soberania do Estado é colocada em questão e o sistema vestefaliano[20] de 1648, que consagrou o Estado como actor supremo internacional, garante fundamental da segurança da sua população contra ameaças externas e internas, é colocado em crise.

Numa era globalizada os Estados são obrigados a buscar na interdependência a resposta para as ameaças e os riscos que enfrentam, pois apenas de forma colectiva podem responder a tais desafios. Neste contexto, o Estado tenta reafirmar o seu poder através da construção e integração em espaços políticos, económicos, sociais e culturais, ao mesmo tempo que uma miríade de actores não estatais[21] contestam a ordem estatal e competem com o Estado pelo monopólio da força.

---

[19] Os "centros de poder" são aqui entendidos como centros de projecção de poder coactivo dirigido às funções do Estado. Para além dos centros de poder que projectam poder coactivo, outros centros de poder, nomeadamente económicos, podem ter um elevado impacto na segurança do Estado, pela expressão que assumem ao nível do PIB e do crescimento económico.

[20] Os tratados de Vestefália, assinados em Münster e Osnabrück, puseram termo às guerras religiosas do século XVII e reconheceram a proeminência dos Estados enquanto actores internacionais e investidos de soberania.

[21] Mas a questão dos autores não estatais também não é nova. Os mercenários sem-

Nesta competição é o exercício da soberania que é colocado em crise pelos actores não estatais e que, consequentemente, coloca em crise a capacidade do Estado em atingir os seus fins mínimos, pois fica impedido de realizar determinadas funções (complementares e interdependentes), podendo gerar um elevado nível de insegurança nos cidadãos. Tal incerteza, pode ser real ou situar-se meramente no campo da percepção. Nesta vertente subjectiva, atendendo a que estamos no campo das percepções, a insegurança é, em muitos casos, o resultado de construções sociais.

O discurso político, ao colocar a insegurança como problema que deve fazer parte da agenda política, contribuiu para ampliar a percepção do risco e legitima a utilização da coacção e a mobilização de instituições distintas que dominam um tipo especial de conhecimento. Desta forma, cria-se uma relação complexa entre o risco e o sentimento de insegurança, gerado pela percepção subjectiva do risco. O sentimento de insegurança varia em função da percepção subjectiva sobre a existência de uma ameaça, da gravidade dessa ameaça, de vulnerabilidades pessoais (reais ou imaginadas), e de um consequente risco (real ou imaginário) de ser vítima. Trata-se de uma representação social do meio, em que estão presentes lógicas culturais e identitárias e lógicas situacionais, isto é, ligadas à experiência do individuo sobre a realidade vivida. A interpretação do meio ambiente, quer através da reacção a dados objectivos, quer por interpretações subjectivas, resulta em que o sentimento de insegurança depende da relação entre o risco percepcionado e o risco objectivo.

Os estudos sobre a relação entre o risco objectivo e o risco subjectivo indicam que existe uma relação desproporcional entre ambos. Os indivíduos tendem a expressar um grau de medo relativamente a certos riscos – como terrorismo – muito superior ao risco estatisticamente estimado pelos peritos. Esta relação é polémica e pode gerar diferentes perspectivas relativamente à acção pública (diferentes perspectivas políticas geram respostas distintas) no tratamento do problema. Os dados dos estudos sobre os riscos e as percepções dos indivíduos ao risco indicam que os indivíduos tendem a exagerar o risco decorrente de eventos raros, ao mesmo tempo que minimizam o risco decorrente de eventos comuns.

O quadro denominado "amplificação social do risco" tem tentado explicar esta, aparente, relação contraditória. Este quadro de análise, desen-

---

pre estiveram presentes na história. Na Europa do século XVII, durante as guerras religiosas (Guerra dos trinta anos), muitos mercenários participaram nas mesmas, pagos pelo ouro da América Central e dos Andes (TOYNBEE 1963, 24-25).

volvido durante os anos 1980, tenta explicar como é que num determinado contexto social e histórico, o risco – certos eventos de risco – interagem com os processos psicológicos, sociais, institucionais e culturais de forma a que as percepções de risco e as preocupações do público são amplificadas, ou atenuadas. Tenta ainda explicar como é que a amplificação ou a atenuação da percepção do risco modificam os comportamentos de risco, e como é que influenciam os processos institucionais e as consequências do risco (JACKSON 2006, 259).

O quadro explicativo da "amplificação social do risco" descreve os vários processos que podem conduzir a que certos riscos, considerados pelos peritos como representando um risco estatístico baixo, se tornem o foco de preocupação política e social, enquanto outros, potencialmente com maior grau de risco, recebem, comparativamente, menor atenção pública, ou induzem uma percepção mais fraca ou menores níveis de preocupação (JACKSON 2006, 259).

De acordo com este quadro, os sinais do risco são recebidos e interpretados por uma série de estações amplificadoras (os principais amplificadores, para além dos órgãos de comunicação social, são os indivíduos, certos grupos e agências governamentais devido às funções que desempenham) e difundidos através de diferentes canais. As características do risco, e dos eventos de risco, são avaliados através de vários sinais do risco (imagens e símbolos desempenham um papel importante na formatação e na reprodução dos significados sociais associados ao risco) que por sua vez interagem com um conjunto alargado de processos psicológicos, sociais, institucionais e culturais de forma que amplifica ou atenua as percepções do risco e a sua gestão.

O tipo e a profundidade da cobertura que é dada pelos órgãos de comunicação social a um incidente terrorista em particular, influência e molda as percepções dos indivíduos (BOULAHANIS e HELTSLEY 2004, 133). Nas notícias, os crimes – como o caso do terrorismo – que são difundidos são os mais violentos, sendo dada relevância ao seu carácter aleatório e iminente, dando a impressão que podem ocorrer nas ruas da "nossa" cidade, à porta de casa. Os terroristas são apresentados como assassinos desconhecidos e imprevisíveis, as vítimas como indefesas e as autoridades como impotentes. Este tipo de discurso cria uma fractura entre "nós" e "eles", multiplicando o medo e exorbitando as vulnerabilidades dos cidadãos.

Na "construção" do sentimento de insegurança, numa era de globalização, os *mass media*, que são um dos principais meios de informação do público, ao dramatizarem os efeitos de certos riscos, amplificam o risco de vitimação percepcionado e exercem um efeito de aproximação, fazendo com que riscos geograficamente longínquos e/ou com baixa probabilidade de materialização sejam percebidos pelos indivíduos como apresentando o mesmo risco que outros que se encontram mais próximos ou com maior probabilidade de materialização. A distância espacial e temporal perderam o seu significado e a percepção da vulnerabilidade e do risco altera-se.

Os órgãos de comunicação social são intérpretes dinâmicos e mediadores da informação relativa ao risco, procurando responder e reflectir as preocupações e as preferências do público. No entanto, existem autores (PETTS, HORLICK-JONES e MURDOCK 2001) que afirmam que a "amplificação social do risco" não fornece um quadro que permita compreender o impacto dos órgãos de comunicação social e dos sistemas de informação simbólica que representam, bem como a sua relação com os consumidores. De facto, não é consensual a relação entre o consumo de notícias e as percepções de risco por parte do público. Os trabalhos mais recentes demonstram a natureza activa e social da interpretação dos órgãos de comunicação social por parte dos indivíduos, pois estes são mediadores activos.

O público leigo não é um recipiente passivo do conhecimento dos peritos sobre o risco (PETTS, HORLICK-JONES e MURDOCK 2001, vii), pois a racionalização do mesmo é feita pelo recurso a múltiplas fontes de informação, bem como à sua experiência pessoal. Muitas das preocupações expressas pelos indivíduos não são uma simples função de uma avaliação "objectiva" de um potencial dano físico, mas estão relacionadas com os efeitos societais e pessoais adversos.

Reconhecer a existência do risco é aceitar a possibilidade de que algo pode correr mal, mas também que o risco não pode ser totalmente eliminado (GIDDENS 2002, 78). O discurso do risco cultiva as inseguranças, foca-as em "bodes expiatórios" (os outros) e força os indivíduos a aceitarem o conhecimento dos peritos sobre o risco como a única solução viável (ERICSON e HAGGERTY 1997, 86). Um conhecimento que por sua vez cria novas inseguranças e desconfiança relativamente às reivindicações do grau de perícia que determinado sistema comporta. A antítese da confiança – no sentido da ligação entre esta e a segurança – é um estado de ansiedade existencial ou de medo (GIDDENS 2002, 71), criando-se condições para o desenvolvimento do sentimento de insegurança. O sentimento de insegurança resulta de um processo interpretativo da realidade envolvente, em que o risco que cada um estima para si e para os que lhe são próximos insere-se numa lógica situacional.

As "percepções de risco" e os "sentimentos de insegurança" são frequentemente confundidos, no entanto são percepções diferentes e distintas sobre determinados fenómenos criminais (ROBINSON 1998, 20). A percepção do risco é uma avaliação, com base na informação e nos estímulos recebidos do meio ambiente, da probabilidade de materialização de um risco que afecta o bem-estar do indivíduo (ROBINSON 1998, 19). Os indivíduos utilizam as percepções diárias para acederem à informação sobre o risco e as avaliações que fazem relativamente às suas vulnerabilidades decorrem da interpretação do ambiente físico e social, nomeadamente as percepções relativas à coesão social, ao controlo social informal, as quais são tão importantes como as interpretações dos valores e das normas das pessoas da comunidade

O medo comporta uma componente irracional, que se prende com o desconhecido, com as consequências não antecipadas da decisão (ERICSON e HAGGERTY 1997, 87). O medo é uma emoção complexa relativa a um risco real ou imaginário, e constitui uma experiência normal na vida de qualquer ser humano, tendo por função alertar os indivíduos para determinados perigos. É uma resposta difusa a um ambiente aparentemente imprevisível e em desordem (JACKSON 2006, 260), expressão de ansiedades e inseguranças diversas, ligadas à família e à sociedade. O "medo" é função do risco percepcionado e da reacção à gravidade do fenómeno que está na génese do risco. Apesar de ambos serem condições necessárias para a experiência do medo, nenhuma é suficiente (ROBINSON 1998, 19), pelo que não se podem fazer inferências relativas ao sentimento de insegurança utilizando apenas a percepção do risco. Os indivíduos apesar de sentirem que têm pouca probabilidade de serem vítimas de um tipo particular de crime, não significa que não tenham receio, nem uma percepção do risco de vitimação elevada se traduz automaticamente num sentimento de insegurança agravado. Este sentimento, ainda que não corresponda à realidade, é contudo fundamental na avaliação que os cidadãos fazem da "segurança pública".

Apesar da centralidade da segurança, a sua definição nem sempre é consensual. O vocábulo segurança adquire significados diferentes consoante os indivíduos, as sociedades e os momentos históricos em que é usado. A literatura existente sobre "segurança", os "discursos da segurança" e a utilização do termo pelos actores da segurança coloca-nos perante um conceito polissémico e multidimensional.

Os "discursos da segurança" são parte de um processo de securitização[22] que é o *"movimento que leva o processo político para lá das regras de jogo estabelecidas e que enquadra o assunto como um tipo especial de política ou acima da política"* (BUZAN, WAEVER e WILDE 1998, 23). É este processo, em que um actor securitizador (indivíduo ou grupo que representa o *speech act* da segurança na tentativa de securitizar determinado assunto), utilizando a retórica da ameaça existencial relativa a um *referent object* (algo cuja sobrevivência está ameaça) transporta determinado assunto ou problema para lá das "medidas normais" (BUZAN, WAEVER e WILDE 1998, 5) para reclamar a utilização de meios extraordinários para resolver a situação, que se denomina de "securitização".

Não é o uso do vocábulo "segurança" que define o processo de securitização. Este processo só ocorre se o *"speech act"* tiver sucesso, isto é, se o "acto discursivo" securitário for aceite pela audiência, porque a securitização não é decidida pelo actor securitizador (BUZAN, WAEVER e WILDE 1998, 31). Apenas a aceitação pela audiência determina a securitização do assunto. Caso esta não aceite o *speech act*, o processo é interrompido (por isso a segurança não está no actor securitizador mas está entre os sujeitos). O acto discursivo de sucesso é *"uma combinação de linguagem e sociedade, de características intrínsecas do discurso e do grupo que autoriza e reconhece o discurso"* (BUZAN, WAEVER e WILDE 1998, 32).

O sucesso deste processo repousa em três componentes: identificação de ameaças existenciais, acção de emergência e potenciais efeitos nas relações inter-unidades por quebra das regras "normais", sendo característica distintiva da securitização a sua estrutura retórica (BUZAN, WAEVER e WILDE 1998, 26). A probabilidade de sucesso do "acto discursivo" securitizador será maior se existirem certas "condições facilitadoras" internas do discurso, como a utilização da "gramática da segurança" e da terminologia própria dos diferentes sectores (identidade – Societal; soberania – Político; sustentabilidade – Ambiental). Para além da gramática da segurança é importante que o actor securitizador escolha o *referent object* que tem de sobreviver (escala/legitimidade) e construa um enredo envolvente da ameaça, a qual deverá ser apresentada como constituindo um ponto de não retorno, ao mesmo tempo que apresenta uma possível solução, para que o discurso que invoca a ameaça existencial ganhe resso-

---

[22] O processo de securitização foi proposto pela "escola de Copenhaga", que emergiu durante os anos 1980. A esta escola estão associados Barry BUZAN, Ole WAEVER, e Japp DE WILDE.

nância suficiente e a audiência aceite e legitime as medidas de emergência propostas.

A par das condições internas, as condições externas também são muito importantes, nomeadamente aquelas que se encontram associadas ao próprio actor securitizador. Este deverá dispor de um certo capital social, a par de uma posição de autoridade, pois o "acto discursivo" não é apenas um fenómeno linguístico, mas também social, dependendo por isso da posição social do actor securitizador.

A força representativa do *speech act* e as características da ameaça, aliadas a certas condições historicamente a ela associadas, facilitam o enredo. Estas condições, em si próprias, não são suficientes para a securitização – pois o elemento político[23] é sempre importante devido à carga mobilizadora – mas são condições que facilitam tal processo.

Não é porque existe uma ameaça real que determinado assunto é securitizado. A securitização apenas acontece porque o assunto é apresentado como uma ameaça existencial suficientemente saliente para ter efeitos políticos substanciais, e é aceite pela audiência. Nesta perspectiva, a segurança emerge e muda em resultado dos discursos das elites com o objectivo de securitizar determinados assuntos ou campos, ou seja, a segurança é um conceito socialmente construído, adquirindo um significado especial apenas num contexto social específico.

A "de-securitização" – o regresso à normalidade – é um movimento em direcção oposta, consistindo na tentativa de obtenção das condições propícias ao abandono do esforço de segurança. A forma de evitar a securitização é transformar as "ameaças" em desafios, mantendo-as dentro dos limites da política, movendo-as do "medo existencial" para a esfera dos problemas que podem ser resolvidos através de meios normais.

A partir de certo ponto é necessário menos segurança, porque tal significa mais política e, consequentemente, torna possível resolver o problema pelo recurso a outros instrumentos. Nesta perspectiva, a segurança e a insegurança não constituem uma oposição binária. A segurança tipifica

---

[23] Para Didier BIGO a securitização não se faz apenas pelo discurso político. As práticas dos actores da segurança também contribuem para tal processo. Os actores da segurança ao relacionar casos dispersos e ao mediatizá-los, como se de um todo se tratasse, criam o sentimento de existência de mais uma ameaça, fazendo depender a securitização de certos assuntos da posição social daquele que produz as declarações sobre a insegurança ou sobre certas ameaças. O reconhecimento da legitimidade dos membros das polícias para "enunciar" determinados assuntos de insegurança ou ameaça pode operar a securitização desses mesmos assuntos (BIGO 2000).

uma situação em que existe um problema de segurança e em que determinadas medidas são tomadas para lhe responder, enquanto que a insegurança tipifica a existência de um problema de segurança, sem que existam respostas ao mesmo (WAEVER 1995, 56).

Neste contexto, o poder mobilizador dos discursos securitários a par do sentimento de insegurança, levam à exigência, por parte da comunidade de mais medidas de segurança, à aceitação da ideia de que as medidas "normais" não são suficientes para garantir a segurança. Este estado cria as condições necessárias ao reconhecimento, pela comunidade, de legitimidade ao actor securitizador para implementar medidas de excepção, o que aconteceu em várias democracias ocidentais a seguir ao 11 de Setembro.

A segurança não é algo que se possa definir analítica e filosoficamente de acordo com o que se entende como a "melhor definição". Não é uma condição ou algo estático, mas é o resultado de um processo de securitização, essencialmente intersubjectivo e socialmente construído (porque não é determinada de forma isolada pelos actores), a partir de certas práticas discursivas internas. Na prática a segurança não é totalmente subjectiva, pois existem limites socialmente definidos sobre o que pode e não pode ser securitizado, no entanto a securitização é sempre uma opção política, que deverá ponderar os efeitos de uma potencial excessiva securitização.

Considerações Finais

Na sociedade de risco a humanidade encontra-se perante um conjunto de riscos que não podem ser limitados no tempo nem no espaço. É hoje claro que o terrorismo se configura como um dos riscos à segurança, quer do Estado, quer das pessoas.

As sociedades contemporâneas, devido à miríade de alvos potenciais e múltiplas vulnerabilidades, não podem excluir a possibilidade de sofrer atentados terroristas. Perante esta constatação, e na impossibilidade realista de colmatar todas as vulnerabilidades e proteger todos os potenciais alvos, ao Estado apenas resta fazer uma gestão rigorosa do risco terrorista, tentando prevenir e neutralizar os riscos mais prováveis e com maior impacto e preparar-se para, no caso de um atentado ocorrer, reagir com prontidão e eficácia.

A segurança é uma reacção ao risco, baseada em acontecimentos do passado, mas com objectivos de prevenção no futuro e baseia-se na confiança, no equilíbrio entre o risco e a certeza. Neste sentido, a actividade dos actores da segurança, enquanto partes do sistema pericial, é essencial na manutenção e reforço de tal confiança.

Enquanto a "civilização" repousa à sombra dos seus valores, confiante que a sua mera invocação é suficiente para que os "outros" os respeitem ou a eles se submetam, a barbárie, a violência mimética do terrorismo, porque não reconhece a dignidade humana, porque o limite é a destruição dos "outros", vai corroendo os fundamentos da própria "civilização". A nossa sociedade, refém dos novos bárbaros (os intolerantes) que munidos da certeza conferida pelo divino, e certos da incerteza da história, encontram nos valores da "civilização" o objecto de desejo e nas vítimas inocentes os alvos da violência mimética.

BIBLIOGRAFIA

ARQUILLA, John e David RONFELD, eds. 1997. *In Athena's camp: Preparing for conflict in Information age*. Santa Monica: Rand.
BAUMAN, Zygmunt. 2000. *Liquid Modernity*. Cambridge: Polity Press.
BAYLEY, David H. e Clifford SHEARING. 2001. *The New Structure of Policing: Description, Conceptualization, and Research Agenda*. Washington, D.C.: National Institute of Justice.
BECK, Ulrich. 1992. *Risk Society: Towards a New Modernism*. London: Sage Publications.
_____. 2002a. "O Estado Cosmopolita. Para uma Utopia Realista". *Eurozine*. [www.eurozine.com/article/2002-1-30-beck-pt.html].
_____. 2002b. "The Terrorist Threat. World Risk Society Revisited". *Theory, Culture & Society* 19 (4): 39-55.
BIGO, Didier. 2000. "When Two Become One: Internal and External Securitisation in Europe." In *International Relations Theory and the Politics of European Integration: Power, Security and Communities*, ed. Morten Kelstrup e Michael C. Williams. New York: Routledge: 171-204.
BOOTH, Ken, e Tim DUNNE, eds. 2002. *Worlds in Collision*. New York: Palgrave Macmillan.
BOULAHANIS, John G. e Martha J. HELTSLEY. 2004. "Perceived Fears: The Reporting Patterns of Juvenile Homicide in Chicago Newspapers". *Criminal Justice Policy Review* 15 (2): 132-160.
BUZAN, Barry, Ole WAEVER e Jaap De WILDE. 1998. *Security. A New Framework for Analysis*. Boulder: Lynne Rienner.
CASTELLS, Manuel. 2003. *O Poder da Identidade*. Lisboa: Fundação Caloustre Gulbenkian.
_____. 2005. *A Sociedade em Rede*. Lisboa: Fundação Caloustre Gulbenkian.
CHÂTELET, François, Olivier DUHAMEL e Evelyne PISIER-KOUCHNER. 1985. *História das Ideias Políticas*. Rio de Janeiro: Jorge Zahar Editor.
CRENSHAW, Martha. 1998. "The Logic of Terrorism: Terrorist Behavior as a Product of Strategic Choice." In *Origins of Terrorism*, ed. Walter Reich. Washington, D.C.: Woodrow Wilson Center Press: 7-24.

ERICSON, Richard e Kevin HAGGERTY. 1997. *Policing the Risk Society*. Oxford: Clarendon.
FOUCAULT, Michel. 1991. *Vigiar e Punir*. Petrópolis: Editora Vozes.
FREUND, Julien. 1983. *Sociologie du Conflit*. Paris: Presses Universitaires de France.
GIDDENS, Anthony. 2002. *As Consequências da Modernidade*. Oeiras: Celta.
GIRARD, René. 2002a. *La Violence et le Sacré*. Paris: Hachette Littératures.
_____. 2002b. *La Voix Méconnue du Réel, une Théorie des Mythes Archaiques et Modernes*. Paris: Bernard Grasset.
JACKSON, Jonathan. 2006. "Introducing Fear of Crime to Risk Research". *Risk Analysis* 26 (1): 253-264.
KEMPA, Michael. 1999. "Reflections on the Evolving Concept of 'Private Policing'". *European Journal on Criminal Policy and Research* 7: 197-223.
KNIGHT, Frank H. 2005. *Risk, Uncertainty and Profit*. New York: Cosimo.
L'HEUILLET, Hélène. 2004. *Alta Polícia, Baixa Polícia*. Lisboa: Notícias Editorial.
LAQUEUR, Walter. 2002. *A History of Terrorism*. New Brunswick: Transaction Publishers.
LIBICKI, Martin C. e Shari Lawrence PFLEEGER. 2004. *Collecting the Dots. Problem Formulation and Solution Elements*. Santa Monica: Rand.
LOON, Joost van. 2002. *Risk and Technological Culture: Towards a Sociology of Virulence*. London: Routledge.
LUPTON, Deborah. 1999. *Risk*. London: Routledge.
MADDRELL, Paul. 2009. "Failing Intelligence: U.S. Intelligence in the Age of Transnational Threats". *International Journal of Intelligence and Counter-Intelligence* 22 (2): 195-220.
MENNELL, Stephen. 1992. *Norbert Elias. An Introduction*. Ireland: University College Dublin Press.
MORGAN, M. Granger e Max HENRION. 1992. *Uncertainty. A Guide to Dealing with Uncertainty in Quantitative Risk and Policy Analysis*. Cambridge: Cambridge University Press.
NYE, Joseph S. 2002. *Compreender os Conflitos Internacionais. Uma Introdução à Teoria e à História*. Lisboa: Gradiva.
PETTS, Judith, Tom HORLICK-JONES e Graham MURDOCK. 2001. *Social Amplification of Risk: The Media and the Public*. Health & Safety Executive. UK: Department of Health.
RANSTORP, Magnus. 1999. "Le Terrorisme au Nom de la Religion". In *Les Stratégies du Terrorisme*, ed. Gérard Chaliand. Paris: Desclée de Brouwer.
ROBINSON, Matthew B. 1998. "High Aesthetics/Low Incivilities: Criminal Victimizations and Perceptions of Risk in a Downtown Environment". *Journal of security administration* 21 (2): 19 – 32.
ROSENAU, James. 2003. *Distant Proximities*. Princeton: Princeton University Press.
SANDLER, Tod, Daniel G. ARCE e Walter ENDERS. 2008. "Terrorism". In *Copenhagen Consensus 2008 Challenge Paper*, 96. Copenhagen: Copenhagen Consensus Center, February.
SANDLER, Todd. 2003. "Collective Action and Transnational Terrorism". *The World Economy* 26 (6): 779-802.
SANDLER, Todd e WALTER Enders. 2004. "An Economic Perspective on Transnational Terrorism. *European Journal of Political Economy* 20 (2): 301-316.
STEINER, George. 1992. *No Castelo do Barba Azul. Algumas Notas para a Redefinição de Cultura*. Lisboa: Relógio D'Água.

THOMPSON, Kenneth. 1996. *Key quotations in Sociology*. London: Routledge.
TOYNBEE, Arnold. 1963. *Guerra e Civilização*. Lisboa: Presença.
TUCK, Richard. 2001. *Hobbes*. São Paulo: Edições Loyola.
TULLOCH, John e Deborah LUPTON. 2003. *Risk and Everyday life*. SAGE.
WAEVER, Ole. 1995. "Securitization and Desecuritization." In *On Security*, ed. Ronnie Lipschutz. New York: Columbia University Press: 46-86.
ZINN, Jens O. 2008. "Introduction: The Contribution of Sociology to the Discourse on risk and Uncertainty." In *Social Theories of Risk and Uncertainty. An Introduction*, ed. Jens O. Zinn. Oxford: Blackwell Publishing Limited: 1-17.

A TRILOGIA LIBERDADE-JUSTIÇA-SEGURANÇA: CONTRIBUTOS PARA A RECONSTRUÇÃO DO CONCEITO DE ESPAÇO PENAL EUROPEU

MANUEL MONTEIRO GUEDES VALENTE

1. O olhar soberano e cimeiro do Estado face ao crime que trespassava as fronteiras físicas dilui-se, aos poucos, com a cimentação da União Europeia (UE) que pressupõe um espaço físico europeu. Esse olhar sobranceiro escasseia no bloco europeu e tende, aos poucos, diminuir no quadro internacional face às novas tipologias criminais – *v. g.*, terrorismo, tráfico de seres humanos, tráfico de armas, tráfico de órgãos, branqueamento (de bens), corrupção. A consciência de vulnerabilidade territorial estatal na prevenção de fenómenos criminais de elevada danosidade social e delatores dos valores da comunhão societária implica que a protecção supranacional do mínimo ético exigível à vivência e sobrevivência da intersubjectividade segura e garante da comunicabilidade dos seres humanos se implemente sob a égide do Direito.

O Direito não significa sempre segurança jurídica[1] e é, em muitos momentos da história, fonte limitadora do exercício do poder despótico, como denota o caso dos Estados de excepção, assim como dos Estados onde o sistema político ditatorial e restritivo de direitos, liberdades e garantias se enraíza na normatividade jurídica da hegemonia política. Não falamos deste Direito. Falamos de um Direito criado *pelo povo*, dirigido *para o povo* e legitimado na vontade *do povo*. Falamos de um Direito centrado na realidade social e exercido na prossecução dos problemas dessa realidade social

---

[1] Neste sentido Reinhold ZIPPELIUS. 1998. *Teoria Geral do Estado*, (Tradução de Karin PRAEFKE-AIRES COUTINHO e Coordenação de Gomes CANOTILHO), 3.ª Edição. Lisboa: Fundação da Calouste Gulbenkian, pp. 388-389.

mutável a cada momento e a cada espaço territorial. Falamos de um Direito que tem em conta uma *identidade cultural* e a *descontinuidade e diversidade cultural* de uma região planetária: a União Europeia.

Albin ESER escrevera que a crescente europeização e globalização da comunidade nacional, regional e transnacional – geradora de novos desafios e de novas ameaças –, não permite que alguém fique na auto reflexão da apreensão e aplicação no quadro interno do Estado de experiências ou esforços de alterações penais e processuais penais de outros Estados "na luta contra a criminalidade transnacional, em contínuo crescimento", mas que opte por alinhar-se "dentro da comunidade solidária por uma justiça penal transnacional" e uma europeização que não assente em uma "mera cooperação transfronteiriça" (ESER 2001, 34 e 36).

Este desiderato pode ser realizado ou alcançado por diferentes trilhos e com diferentes intensidades de intervenção: material e processual; securitária ou garantista; belicista ou humanista; soberana ou partilhada; imposta ou legitimada. As intensidades e os trilhos da construção de uma Europa com um «elevado nível de protecção num espaço de liberdade, de segurança e de justiça»[2] são factores determinantes na edificação de um quadro normativo subordinado a uma dogmática jurídico-criminal consequente de uma política criminal europeia enraizada nos valores em que a União Europeia (UE) se funda e se legitima.

A fundação e a legitimação da UE não podem ser aferidas fora de um quadro jurídico que não assente na ideia base da «cidadania europeia»[3]. A concepção e possível concretização plena deste desiderato – «cidadania europeia» –, assumido como crucial para o desenvolvimento da UE em Maastricht com a aprovação do TUE e com as alterações introduzidas nos Tratados das Comunidades Económicas Europeias (TCE), implica a submissão do trilho e da intensidade «aos valores do respeito da dignidade da pessoa humana, da liberdade, da democracia, da igualdade, do Estado de direito e do respeito pelos direitos do Homem"[4].

2. O Direito penal expresso em um tempo e em um espaço identificado e determinado jurídico-politicamente é o reflexo de um *pensar cultural* específico, de um *pensar conceptual (dogmático) do ser humano* e

---

[2] Cfr. art. 29.º do Tratado da União Europeia (TUE) antes do Tratado de Lisboa.

[3] Cfr. art. 20.º do Tratado sobre o Funcionamento da União Europeia (TFUE) na versão consolidada.

[4] Cfr. art. 2.º do TUE na versão da Consolidada.

de um *pensar de concepção de Estado*[5]. Todos estes pensares interferem na construção basilar da organização de um povo, independentemente da estrutura organizativa ansiada: política, económica, religiosa, social, educativa, policial, judiciária, jurídica. A comunidade, vivendo em uma lógica radbruchiana do poder de "um «todos nós»" (RADBRUCH 2004, 238) – poder democrático –, subjugar-se-á a um Direito penal material e processual fruto da conjugação daqueles três elementos cognitivos e pragmáticos: *pensar cultural*; *pensar conceptual (dogmático) do ser humano*; e *pensar de concepção de Estado*.

Estes três elementos cognitivos e pragmáticos germinam de um sentimento unívoco designado por EDUARDO LOURENÇO como *sentimento nacional*. Este sentimento nacional é o reflexo do aprofundamento da identidade (nacional) que se encontra imbuída de uma realidade própria e nela se realiza. Este Autor anota que a construção europeia só é possível se e só resistirá se for a edificação da profecia de Victor HUGO[6] que tem como sino de rebate a identidade europeia (LOURENÇO 2003, 55 e 58). Consideramos que esta *identidade europeia* que deve assentar em um sentimento europeu e uma nação europeia – "um projecto comum ou unificante e um capital de memória garante desse projecto" (LOURENÇO 2003, 58) – é fundamental para a construção de um espaço penal europeu.

A legitimidade de qualquer Direito penal – nacional, europeu ou transnacional – não pode, na contemporaneidade, enganchar tão só em

---

[5] Neste sentido alertando para as dificuldades para a implementação de uma justiça penal supranacional subordinada a um Código penal e processual penal supranacional (Albin ESER. 2001. "Una Justicia Penal «a la Medida del Ser Humano» en la Época de la Europeización y la Globalización". In *Modernas Tendencias en la Ciencia del Derecho Penal y en la Criminología*, Coord. José CEREZO MIR e Alfonso SERRANO GÓMEZ. Madrid: UNED, p. 35).

[6] Victor HUGO, no Congresso da Paz, de Paris, de 1849, profetizou que: "Chegará um dia em que todos vós, os das nações todas do continente – sem perder a vossa diversidade nem a vossa gloriosa identidade individual – vos fundireis estreitamente numa unidade superior e construireis a fraternidade europeia. (...) Já não invocareis as guerras fratricidas, mas invocareis a civilização". Não obstante VICTOR HUGO se referir à França idealizada, como centro de democracia, de igualdade e de universalidade, quando se referia a *civilização*, é preciso entender que à época "a França falava em nome da Europa e à Europa em nome do mundo". É o *humanismo* de Victor HUGO que marca o visionamento da criação dos Estados Unidos da Europa, que não podem ser edificados sem a França. (Cfr. Eduardo LOURENÇO. 2003. "Uma Europa de nações ou os dentes de Cadmo". In *Portugal e a Construção Europeia*, org. Maria Manuela Tavares RIBEIRO, António Moreira Barbosa de MELO e Manuel Carlos Lopes PORTO. Coimbra: Almedina: 55 e 56).

uma lógica positivista jus constitucionalista ou de Estado de Direito (formal): esta tese, imbuída do espírito hobbesiano do *estado legal* e de um Direito penal como represália e intimidação, atravessou o séc. XIX na maioria dos Estados e foi liliputianamente desaparecendo no pós II Grande Guerra. A acepção e concepção de Estado de Direito formal, nascido para limitar o poder arbitrário do soberano e assente em um primado de segurança jurídica, gerou a monstruosidade do nazismo e do estalinismo, assim como justificou as atrocidades produzidas na salvaguarda do bem colectivo segurança sacralizado pelos sistemas ditatoriais, totalitários e autoritários[7-8].

Acompanhamos aqui a tese da subordinação ao *princípio da legalidade* concrecionante do Estado de Direito social material democrático: a garantia de que seremos apenas responsabilizados por crimes que à data da comissão a lei o tipificava como tal e segundo as normas processuais aprovadas e tipificadas democraticamente – neutralizando a arbitrariedade dos órgãos de perseguição criminal e do Tribunal – só é admissível quando o quadro tipificador de crimes e das normas processuais for "fixado por um legislador legitimado democraticamente" que crie uma lei para ser "decidida, escrita e publicada democraticamente" de modo que a realidade jurídica se mostre ao cidadão "mais clara e exacta possível, garanta a estabilidade e assegure a unidade e igualdade da aplicação do Direito através de uma relação que se estende para além do caso concreto" (JESCHECK e WEIGEND 2002, 136 e 137). Este fio condutor do *princípio da legalidade legitimado democraticamente* – legiferante e hermenêutico – deve impregnar-se na linha da construção de um espaço penal europeu.

A construção de um espaço económico, societário, político, cultural e jurídico inculca aos decisores da ordem regional dotada de liberdades de

---

[7] Nesta linha de pensamento e com uma crítica científica e não «populista» ou «palpiteira» cf.: Eugenio Raúl ZAFFARONI. 2007. *O Inimigo no Direito Penal* (tradução de Sérgio Lamarão), 2.ª Edição. Rio de Janeiro: Revan: 70-81.

[8] Já em 1926, Gustav RADBRUCH alertava para os perigos de um Direito penal centrado só na teoria da segurança jurídica e no positivismo como sua fonte, em que "o carácter repressivo e intimidativo do Código Penal" gerava uma "concepção supra-individualista" que subordinava o "conceito penal segundo o pensamento de autoridade", em que o crime se caracteriza "como insubordinação, o castigo como represália", ou seja, na escrita de Friedrich Julius STAHL, a "justiça penal é a afirmação do poder do Estado pela destruição ou sofrimento de quem contra ele se revoltou". Cfr. Gustav RADBRUCH. 1999. *Introdução à Ciência do Direito* (tradução de Vera Barkow e revisão técnica de Sérgio Sérvulo da Cunha). São Paulo: Martins Fontes: 105.

circulação de bens, de serviços, de capitais (agora unificado com a moeda única) e de pessoas. A *cidadania europeia* implica uma igualdade na legalidade da actuação dos actores superiores, intermédios e locais na prossecução dos fins da UE: *v. g.*, promoção da «paz, dos valores e do bem-estar» dos Estados-Membros; proporcionar a todos os cidadãos «um espaço de liberdade, segurança e justiça sem fronteiras», em que se assegure a «prevenção da criminalidade» e o respectivo combate; estabelecer «um mercado interno» com «crescimento económico equilibrado e estabilidade de preços»; combater a «exclusão social e as discriminações» e promover «a justiça e a protecção sociais, a igualdade entre homens e mulheres, a solidariedade entre as gerações e a protecção dos direitos das crianças»; estabelecer «uma União económica e monetária»; contribuir para «a paz, a segurança, o desenvolvimento (…), a solidariedade (…), a erradicação da pobreza e a protecção dos direitos do Homem, em especial os da criança»[9].

Dos fins (objectivos) destacados da União podemos aferir que existe uma manta comum de valores entre os Estados-Membros que reside na afirmação concreta e material dos direitos e liberdades consagrados na Convenção Europeia dos Direitos do Homem (CEDH) que integra o direito da UE como princípios gerais e direitos fundamentais. O paradigma comum aos povos da UE é o património consagrado na CEDH. Este património encerra em bens jurídicos individuais e supraindividuais essenciais à vivência em comunidade que podem ser lesados ou colocados em perigo de lesão com condutas humanas deslocalizadas ou transnacionais face a fenomenologias criminais (tipologias) despacializadas ou desterritorializadas no *desvalor da acção* e no *desvalor do resultado*.

Consciente de que a criação de um espaço europeu económico ou relacional político, económico e financeiro – de auto controlo – exigia sustentação jurídico-política, Hans-Heinrich Jescheck, em 1953, frisava que o Direito penal europeu, como um objecto de estudo científico jurídico, devia merecer a atenção dos penalistas (Jescheck 1953, 518). Passados quase cinco decénios, Giovanni Grasso defende que a "formação de um direito penal europeu constitui uma «visão» não mais utópica com a qual indubitavelmente a ciência penalista deve confrontar-se" (Grasso 1998, 34). Passadas seis décadas da construção das comunidades e posterior incrementação da União, vários são os constitucionalistas e penalistas que

---

[9] Cfr. art. 3.º do TUE na versão consolidada.

consideram não só o primado do direito comunitário em geral[10], como a construção de um espaço penal europeu sob os ditames do almejado Direito penal europeu[11].

Do exposto e do consagrado já no TUE e que se manteve no TFUE aprovado pelo Tratado de Lisboa, no que respeita à construção do espaço penal europeu, consideramos que o pensamento conceptual inscrito não emerge de uma concepção de legitimação democrática da construção do espaço, quer em termos sistemáticos quer em termos dogmáticos. Podemos, desde já, adiantar que o TUE havia inscrito um pensar não identitário de liberdade e de justiça – próprio de uma visão cultural democrática e democratizante –, mas um pensar pragmático identitário de segurança – próprio de uma visão securitária: a promessa (sonho) da Europa «fortaleza».

3. Consuma-se "o regresso a *casa*", em que "aquilo que é potência de universalidade tornou-se o núcleo duro da diferença identitária" (LOURENÇO 1999, 27). A *liberdade* e a *justiça* deixam de ser as irmãs gémeas e passam a contar com a irmã trigémea: *segurança*. A *liberdade* e a *justiça* deviam ser a «potência de universalidade» da identidade europeia, mas o TUE, em primeiro lugar, e o TFUE, posteriormente, inscreveu, na conservatória europeia, a *segurança* como a irmã trigémea que ocupa um lugar de primazia face à *justiça*.

Os três elementos cognitivos e pragmáticos – *pensar cultural, pensar conceptual (dogmático) do ser humano* e *pensar de concepção de Estado* –, essenciais à criação de um Direito restritivo de direitos e liberdades fundamentais do cidadão e nucleares no singrar da CEDH como *lex mater* da edificação da UE, são olvidados como se a consciência histórica de um povo – de os povos da Europa – fosse legado não recomendado na estruturação de um novo espaço de afirmação da Humanidade. A consideração

---

[10] Quanto à primazia do direito comunitário de aplicabilidade directa por meio quer do princípio da especialidade quer do princípio da competência prevalente ou por meio da superioridade do direito comunitário afirmada através da força activa – os regulamentos comunitários podem revogar e modificar leis estatais – ou da força passiva – as leis posteriores estatais devem estar conformes e não revogar e modificar o estatuído por regulamentos em vigor –, J. J. GOMES CANOTILHO. 2003. Direito Constitucional e Teoria da Constituição, 7.ª Edição, 3.ª Reimpressão, Coimbra: Almedina: 824-825.

[11] Cfr.: Anabela Miranda RODRIGUES. 2008. *O Direito Penal Europeu Emergente*. Coimbra: Coimbra Editora; Mário Ferreira MONTE. 2009. *O Direito Penal Europeu de "Roma" a "Lisboa" – Subsídios para a Sua Legitimação*. Lisboa: Quid Juris.

daqueles três elementos demonstraria que a liberdade e a justiça – que surge com o grande objectivo de "substituir o uso da violência (...) e colocar intermediários entre o governo e o emprego da força material" (TOCQUEVILLE 2002, 180) – dariam ao cidadão europeu um espaço de segurança sem que fosse necessário recorrer primeiro à *violência* e à *força material* estatais (polícia e, em certa medida, tribunais), características ou faces visíveis da segurança.

Não obstante se reafirmar a exigência de tutela de bens jurídicos individuais e supraindividuais lesados ou colocados em perigo de lesão com condutas de acção e resultado transnacional, transeuropeu, o tecido edificativo do TFUE mantém, prioritária e preferencialmente, uma matriz de "mera cooperação transfronteiriça" (ESER 2001, 36). Não obstante o anseio da construção dogmática jurídico-criminal se debater por uma harmonização do Direito penal material e processual para cimentar a ideia de uma Europa igualitária em dignidade humana e em dignidade de tutela penal, a decisão político-legislativa optou por assumir que a *segurança* é o novo paradigma da afirmação dos direitos e liberdades fundamentais e a torre de menagem da liberdade e da justiça.

Há, desta feita, a promoção da segurança como *direito garantia* dos demais direitos e liberdades fundamentais a *princípio estruturante da edificação europeia* a par da liberdade e acima da justiça. Podemos afirmar que a liberdade (**L**), princípio de referência da emanação dos valores da humanidade, se adiciona à segurança (**S**), princípio basilar de afirmação da liberdade, para produzirem o desejado pelos cidadãos: justiça (**J**). Podemos, como já o fizemos (VALENTE 2006, 107-108), afirmar que a construção do espaço europeu, inscrita no TUE[12] e que se mantém no TFUE[13], segue a linha da materialidade pró-securitária própria de um Estado pró-securitário e de um espaço penal europeu pró-securitário. O espaço penal europeu desenhado e consagrado segue a seguinte fórmula matemática:

$$L + S = J$$

É a expressão da «Europa fortaleza» que caminha para a Europa fortificada ou Europa muralha: justificando e legitimando a violência e a força material estatais sobre o cidadão europeu em geral – cujos direitos e liberdades se encontram limitados como nunca – e sobre o cidadão perseguido por suspeita da prática de crime ou para cumprimento de uma pena

---

[12] Cfr. art. 29.º da TUE antes do Tratado de Lisboa.
[13] Cfr. art. 67.º do TFUE na versão consolidada.

ou medida privativa da liberdade – cuja acessão do pensar inseguro do cidadão se esgota em um olhar de inimigo do *estado legal*.

A «tábua de salvação» e de limite à onda securitária encontra-se no próprio art. 6.º do TUE ao subordinar a construção europeia aos valores, princípios e direitos consagrados na CEDH, no próprio n.º 1 do art. 67.º do TFUE que subordina o espaço de liberdade, de segurança e de justiça às tradições de cada povo – *pensar cultural* –, aos direitos fundamentais – *pensar da concepção (dogmática) do ser humano* – e aos sistemas estaduais – *pensar da concepção de Estado*. Esta opção subscrita, com a qual concordamos, relança a relevância e a força da expressão de EDUARDO LOURENÇO: é o "regresso a *casa*".

É um regresso, porque não se funda na universalidade da UE – património consagrado na CEDH – e na exigência da construção de uma Europa sem «Santuários» ou «Terras do nunca». Mas, este edifício implicaria uma *harmonização* penal – concepção de tipicidade, de antijuridicidade, de censurabilidade e de punibilidade – e processual penal no quadro das tipologias criminais inscritas como fenomenológicas transnacionais: «terrorismo, tráfico de seres humanos e exploração sexual de mulheres e crianças, tráfico de droga e de armas, branqueamento de capitais, corrupção, contrafacção de meios de pagamento, criminalidade informática e criminalidade organizada»[14].

Contudo, a harmonização penal – característica legitimadora de um espaço europeu penal democrático e de uma garantia e efectividade de *cidadania europeia* – não se encontra, em termos sistemáticos, como prioridade ou razão precedente deste espaço. A opção pela *harmonização* só é admissível jus comunitariamente se a situação fenomenológica criminal impuser esse caminho como «necessário»[15], porque o TFUE, na linha do TUE, de Cardiff e de Tempere, mantém como linha preferencial a «coordenação e cooperação entre as autoridades policiais», a coordenação e cooperação entre as autoridades judiciais e a concretização do princípio «do reconhecimento mútuo das decisões judiciais em matéria penal»[16].

> Para que se incentive a implementação plena do *reconhecimento mútuo* existe a obrigação de os Estados-Membros, segundo as medidas adoptadas pelo Conselho da União, sob proposta da Comissão Europeia, procederem a uma avaliação objectiva e imparcial da execução das medidas

---

[14] Cfr. segunda parte do n.º 1 do art. 83.º do TFUE na versão consolidada.
[15] Cfr. terceira e última parte do n.º 3 do art. 67.º TFUE na versão consolidada.
[16] Cfr. segunda parte do n.º 3 do art. 67.º TFUE na versão consolidada.

referentes ao espaço de liberdade, segurança e justiça. O princípio do reconhecimento mútuo – rosto do pragmatismo inglês – assume-se, em detrimento da harmonização e de uma igualdade da e na perseguição criminal, como a *pedra angular* da construção do espaço penal europeu. Reflecte, no nosso entender, o anseio de manter o reduto de soberania da não soberania.

A harmonização inscreveu-se como último recurso na construção do espaço penal europeu, como denota o n.º 1 do art. 82.º do TFUE que prescreve que a cooperação judiciária em matéria penal na UE "inclui a aproximação das disposições legislativas e regulamentares" dos Estados-Membros nos domínios fenomenológicos criminais do art. 83.º e processuais do n.º 2 do próprio preceito. A opção para a harmonização é de inclusão e não de fundamento como se afere para o princípio do reconhecimento mútuo na forma verbal do presente do indicativo "assenta"[17].

Acresce a este cenário a subordinação do caminho da *harmonização* ao *princípio da necessidade*, como se retira, novamente, do n.º 2 do art. 82.º do TFUE ao subordinar o princípio da harmonização ao *princípio da eficácia* processual da concretização do reconhecimento mútuo: meios de prova, direitos individuais, direitos das vítimas e outros elementos específicos do processo penal (*p. e.*, o mandado de detenção europeu, apreensão de provas e congelamento de bens).

A subalternização do princípio da harmonização – "unidade na diversidade", na linha de DELMAS-MARTY, ou "unificação atenuada", segundo Jean PRADEL – é, na nossa opinião, a subalternização dos três elementos cognitivos e pragmáticos que devem reger a criação de um espaço penal e que o próprio TFUE impõe: o respeito pelo pensar cultural – tradições dos povos da União –, pelo pensar de concepção dogmática do ser humano – direitos fundamentais – e pelo pensar de concepção de Estado – sistemas estatais. A opção pela não concretização plena da harmonização é a subalternização da liberdade e da justiça: ganha o espaço de segurança.

Razão tem Albin ESER quando, face à concepção de que a unificação jurídica só seria viável com o sacrifício dos sistemas de cada Estado-Membro, afirma que a harmonização implicará uma *alteração de mentalidade* que assente em uma *política europeia comum*, que abra as portas às várias *culturas jurídicas* e de respeito pela *tradição jurídica* dos povos, em que cada ordenamento jurídico possa aprender com os demais ordenamentos jurídicos (ESER 2001, 36-37).

---

[17] Cfr. n.º 1 do art. 82.º do TFUE na versão consolidada.

4. Os perigos de se instaurar, em definitivo, um espaço penal europeu securitário, próximo do sistema autoritário ou de segurança nacional da América latina, não estão muito longe face à incapacidade de perseguição dos agentes de crimes transnacionais (mesmo nacionais). Esta incapacidade não é apontada à deficiente formação jurídica, técnica, científica e ética dos operadores judiciários – Ministério Público, Juiz, Polícia, Oficial de Justiça – e ao «débil» sentido de cooperação e partilha de informação na promoção de um espaço livre, justo e solidário. Em regra e com um discurso *«populista»* americanizado e de *«palpiteiro»* (ZAFFARONI 2007, 74-75), os decisores políticos justificam os fracassos na prevenção da criminalidade e na responsabilização dos agentes de crimes com a mesma "ladainha": as fragilidades legislativas penais materiais e processuais.

Face a este cenário, apraz-nos ver que a aparece sempre a mesma solução: alteração da legislação por força das Decisões-quadro da UE que restringem, cada vez mais, o pouco espaço de liberdade existente e o *reforço formal* da cooperação da acção policial e da acção judicial horizontal. Este trilho e intensidade construtiva desenrola-se, a passos largos, em direcção à ideia de espaço penal europeu securitário: o elemento segurança (**S**) é o elemento adicionável à justiça (**J**) que produzem liberdade (**L**), ou seja, a liberdade só existe porque existe segurança e justiça efectiva:

$$S + J = L$$

Este primado matemático afere-se da parte inicial do n.º 3 do art. 67.º do TFUE ao prescrever que a «União envida esforços para garantir *um elevado nível de segurança*», sem acrescentar a liberdade e a justiça como desideratos a envidar esforços. A justiça aparece como meio ou medida de prossecução daquele desiderato ao se prescrever que o «elevado nível de segurança» passa pela aprovação e incrementação de *medidas de prevenção da criminalidade, do racismo e da xenofobia e de combate a esses fenómenos*[18]. O pilar da justiça pode ser aferido quer nas medidas de *prevenção* quer nas medidas de *combate*, ou seja, assume-se que a segurança (**S**) e a justiça (**J**) são os pilares da construção do espaço de liberdade (**L**).

Nesta linha securitária, verificamos que a subjugação do princípio da harmonização ao princípio da necessidade, ao princípio da eficácia e ao princípio da inclusão para a concretização do princípio do *reconhecimento mútuo* no espaço da UE, no art. 82.º do TFUE, que se agrava por não submeter todo

---

[18] Cfr. n.º 3 do art. 67.º do TFUE na versão consolidada. Itálico e negrito nosso.

o processo penal à harmonização, mas tão só os institutos essenciais ao efectivo e eficaz incremento do reconhecimento mútuo: meios de prova, direitos do arguido e da vítima, e outros elementos específicos do processo penal[19].

5. Só existirá um elevado nível de segurança no espaço europeu, se a *liberdade*, kantianamente falando, se afirmar na Europa como *o mais alto valor da justiça* e se a *justiça* se afirmar como um *pilar de igualdade e de democracia sob o primado da legalidade* construtor de uma nova ordem (jurídica) europeia sob os desígnios do princípio da humanidade.

O Direito penal não é nem deve ser um Direito de necessidade, mas um Direito de liberdade. A afirmação desta construção só é alcançável com a harmonização das normas jurídico-criminais materiais e processuais. Como afirma Mário Ferreira MONTE, "a harmonização das normas há-de servir sobretudo para *garantir valores comuns e fundamentais* em todo o espaço europeu, entre os quais avulta o da liberdade" (MONTE 2009, 81)[20]. O valor da liberdade é o valor supremo a tutelar pela intervenção penal seja nacional, seja regional (europeia) seja transnacional. É na liberdade que reside a essência do ser como ser humano e a medula da dignidade da pessoa humana.

Subscrevemos, neste ponto, a ideia de Direito de Gustav ADBRUCH: "O conceito de direito é um conceito cultural, quer dizer, um conceito de uma realidade referida a valores, uma realidade cujo sentido é o de estar a serviço de valores" (RADBRUCH 2004, 47). O Direito penal deve ser o referencial máximo de valores comuns essenciais ao desenvolvimento harmonioso comunitário, dos quais se destaca o valor da liberdade.

Desta feita, defendemos, como sabem, um Direito penal material e processual europeu para que não exista qualquer crime impune e vítimas indefesas face à agressão aos seus bens jurídicos de modo que, realizando-se a justiça com a descoberta da verdade material e judicial válida, se alcance a paz jurídica. Mas, não defendemos um Direito penal europeu de segurança nacional ou belicista – em que o agente do crime é um inimigo da comunidade organizada legalmente[21]. O fenómeno do terrorismo pro-

---

[19] Cfr. n.º 2 do art. 82.º do TFUE na versão consolidada.
[20] Itálico nosso.
[21] Quanto ao Direito penal do inimigo e a defesa de um Direito penal do ser humano, ente de manifestação plena da comunicabilidade intersubjectiva e relacional de confiança e boa fé, Manuel Monteiro Guedes VALENTE. 2010. *Direito Penal do Inimigo e o Terrorismo. O «Progresso ao Retrocesso»*. São Paulo: Almedina Brasil, S.A.

porcionou a crescente discursividade da segurança como valor único e primacial do Estado de direito: como se regressássemos ao Estado de direito formal. Não é este o Estado que a CEDH propugna como centralidade da realização do ser humano: a CEDH pugna por um Estado de direito social material democrático.

Recordemos aqui o sábio e profundo escrito de AQUILINO RIBEIRO: "O que o homem mais aprecia de grandeza, glória, amor, acima do próprio pão para a boca, é a liberdade. Liberdade de exercer os seus membros locomotores e a sua vontade prática. O resto é uma dissimulação mais ou menos hipócrita das suas algemas de prisioneiro" (RIBEIRO 1984, 95).

Somos voz de um Direito penal europeu subordinado à legitimação democrática própria de um espaço europeu democrático: em que a liberdade (**L**) se adiciona à justiça (**J**) e ambas gerem segurança (**S**):

L + J = S

O pensar *cultural*, o pensar conceptual do *ser humano* e o pensar de concepção de *sistema Estado* impõem a alteração da sistemática da trilogia inscrita – liberdade, segurança e justiça – para a concepção democrática de Direito aferida na trilogia *liberdade, justiça e segurança*. Só, assim, podemos afirmar que o TFUE assenta em uma estrutura cognitiva e pragmática filosófica-jurídica-política de um espaço penal europeu democrático e do ser humano.

BIBLIOGRAFIA

CANOTILHO, J. J. Gomes. 2003. *Direito Constitucional e Teoria da Constituição*. 7.ª Edição. 3.ª Reimpressão. Coimbra: Almedina.
ESER, Albin. 2001. "Una Justicia Penal «a la Medida del Ser Humano» en la Época de la Europeización y la Globalización". In *Modernas Tendencias en la Ciencia del Derecho Penal y en la Criminología* (Coord. José Cerezo Mir e Alfonso Serrano Gómez). Madrid: UNED.
GRASSO, Giovani. 1998. "La Formazioni di un Diritto Penale dell'Unione Europea". In *Prospective di un Diritto Penale Europeo*. Milão: a cura di Giobanni Grasso.
JESCHECK, Hans-Heinrich. 1953. "Die Strafgewalt übernationaler Gemeinschaften". In *ZStW*, 65.
JESCHECK, Hans-Heinrich e WEIGEND, Thomas. 2002. *Tratado de Derecho Penal. Parte General*, (Tradução de Miguel Olmedo Cardente). 5.ª Edição. Granada: Editorial Comares.
LOURENÇO, Eduardo. 1999. *O Esplendor do Caos*. 2.ª Edição, Lisboa: Gradiva.

_____. 2003. "Uma Europa de Nações ou os Dentes de Cadmo". In *Portugal e a Construção Europeia*, organização de Maria Manuela Tavares Ribeiro, António Moreira Barbosa de Melo e Manuel Carlos Lopes Porto. Coimbra: Almedina.

MONTE, Mário Ferreira. 2009. *O Direito Penal Europeu de "Roma" a "Lisboa" – Subsídios para a Sua Legitimação*. Lisboa: Quid Juris.

RADBRUCH, Gustav. 1999. *Introdução à Ciência do Direito*, (Tradução de Vera Barkow e revisão técnica de Sérgio Sérvulo da Cunha). São Paulo: Martins Fontes.

_____. 2004. *Filosofia do Direito* (Tradução de Marlene Holzhausen). São Paulo: Martins Fontes.

RIBEIRO, Aquilino. 1984. *Cinco Reis de Gente*, Lisboa: Bertrand Editora.

RODRIGUES, Anabela Miranda. 2008. *O Direito Penal Europeu Emergente*. Coimbra: Coimbra Editora.

TOCQUEVILLE, Alexis de. 2002. *Da Democracia na América*, (Tradução de Carlos Correia Monteiro de Oliveira). Cascais: Principia.

VALENTE, Manuel M. Guedes. 2006. *Do Mandado de Detenção Europeia*. Coimbra: Almedina.

_____. 2010. *Direito Penal do Inimigo e o Terrorismo. O «Progresso ao Retrocesso»*, São Paulo: Almedina Brasil, S.A.

ZAFFARONI, Eugenio Raul. 2007. *O Inimigo no Direito Penal*, (Tradução de Sérgio Lamarão). 2.ª Edição. Rio de Janeiro: Revan.

ZIPPELIUS, Reinhold. 1998. *Teoria Geral do Estado*, (Tradução de Karin Praefke-Aires Coutinho e Coordenação de Gomes Canotilho). 3.ª Edição. Lisboa: Fundação da Calouste Gulbenkian.

A COOPERAÇÃO POLICIAL EUROPEIA E O TERRORISMO TRANSNACIONAL

ÉLIA CHAMBEL PIRES

O paradigma securitário mundial foi sofrendo alterações associadas ao fenómeno da globalização e ao carácter difuso e transnacional das ameaças. O receio de novos atentados terroristas obrigou, inquestionavelmente, a rever procedimentos e a reequacionar as políticas de segurança nacionais e europeias.

No âmbito da União Europeia a vontade de cooperar na luta contra o terrorismo surge, com maior proeminência, após os atentados do 11 de Setembro. As estratégias preventivas delineadas têm vindo a ser construídas com base na cooperação policial europeia.

A única forma eficaz para a antecipação dos actos criminosos é através do poder da informação, pois é considerado como a única ferramenta capaz de prevenir todo o tipo de criminalidade grave, bem como no caso do terrorismo. Desde o pequeno criminoso de rua até às grandes organizações apenas recorrendo a uma boa base de informações se consegue prevenir de forma eficaz qualquer intento criminoso.

Nesta linha de pensamento, pretendeu-se neste estudo abordar a cooperação policial europeia como forma de prevenção na luta contra o terrorismo. Para dar fundamento ao caminho exploratório realizado, partiu-se da conceptualização da segurança, quer ao nível interno, quer externo, numa perspectiva nacional e europeia.

Inicialmente, procurou-se uma consciencialização da realidade, perante factos que comprovam a ameaça que impera sobre o mundo, e consequentemente sobre a Europa e Portugal. Baseado nesta abordagem da segurança, foi analisada a acção da cooperação policial, como instrumento capaz de garantir a antecipação de actos terroristas. Neste sentido, desenvolveu-se alguns pontos críticos sobre as ferramentas utilizadas para a efectivação da cooperação policial.

Por fim, procurou-se reflectir sobre a forma mais eficaz de alcançar um caminho comum na luta contra o terrorismo transnacional, através do desenvolvimento de políticas de segurança eficazes baseadas na prevenção ao nível nacional e europeu.

À Procura de um Conceito de Segurança

A definição de segurança ainda é um "conceito contestado, complexo, com fortes implicações políticas e ideológicas." (BRANDÃO 2003, 38). O seu conceito terminológico significa o seguinte:

> Conjunto das acções e dos recursos utilizados para proteger algo ou alguém. O que serve para diminuir os riscos ou os perigos. = GARANTIA
> Aquilo que serve de base ou que dá estabilidade ou apoio. = AMPARO, ESTEIO[1].

A segurança é considerada como o pilar que sustenta o princípio democrático, tendo como fim a prossecução do direito à liberdade. "A Segurança é uma questão de Estado, mas mais do que isso, é um Bem Público. (…) Sem Segurança não há Democracia. A Segurança é condição da liberdade como a liberdade é condição da Democracia." (TEIXEIRA 2002, 10).

A abrangência do domínio da segurança separa-se numa clara distinção entre segurança interna e externa. Dir-se-á que a segurança só se concretiza quando se garante a segurança interna e externa cumulativamente.

A lei de segurança interna é clara na sua destrinça. A segurança interna é definida como sendo "a actividade desenvolvida pelo Estado para garantir a ordem, a segurança e a tranquilidade públicas, proteger pessoas e bens, prevenir e reprimir a criminalidade e contribuir para assegurar o normal funcionamento das instituições democráticas, o regular exercício dos direitos, liberdades e garantias fundamentais dos cidadãos e o respeito pela legalidade democrática" (art.º 1: 2008).

Segundo Manuel VALENTE (2005, 14), a segurança interna "também ocupa o centro da mesa das preocupações da sociedade de marca nacional, de marca europeia, e de marca internacional, em que o terrorismo e o

---

[1] Conceito retirado do Dicionário Priberam (2010), disponível em *http://www.priberam.pt*.

desemprego ocupam o pódio seguido do crime organizado e da manutenção da paz e da tranquilidade pública." A segurança interna portuguesa só se concretiza com resultados eficazes quando a segurança interna europeia se efectivar com directrizes comuns a todos os Estados-Membros. De outra forma, os Estados agem independentes, *per si*, apenas pensando na sua segurança nacional e nunca percepcionando que a segurança interna de outrora é agora transformada em segurança interna europeia.

Por outro lado, a segurança externa depreende-se com um conceito mais ligado à defesa, que visa a protecção do território nacional de qualquer tipo de ameaça proveniente do exterior, assim sendo vem previsto na Lei de Defesa Nacional que a "defesa nacional tem por objectivos garantir a soberania do Estado, a independência nacional e a integridade territorial de Portugal, bem como assegurar a liberdade e a segurança das populações e a protecção dos valores fundamentais da ordem constitucional contra qualquer agressão ou ameaça externas."

À partida, pelas definições legais, facilmente se conseguiria traçar a fronteira, pois esta era bem real. Como afirma Cristina SARMENTO (2010, 58), "[A] Globalização, sendo naturalmente *boundary eroding*, implica a revisão conceptual das noções de fronteira e soberania". Por este motivo, com a abolição de fronteiras os conceitos desvanecem-se aos poucos, confundindo-se qual o alcance de cada tipo de segurança. No entanto, as fronteiras entre países, ficaram unidas numa só fronteira comum a toda a Europa, por isso se pode hoje falar em fronteira Europeia, definida após o acordo Schengen. Mas por outro lado, foi mantido a identidade nacional de cada Estado, por isso mesmo podem ainda ser consideradas fronteiras nacionais perceptíveis.

A segurança é tida como um valor juridicamente fundamental à luz do normativo constitucional considerando para tal quer uma dimensão interna, quer uma dimensão externa do Estado. Ao cair num plano externo, o nível de segurança recai sob as bases de sustentação militar recaindo a obrigação de cobertura de todas as fissuras criadas por um clima de instabilidade "pós-fronteiriço". Existe uma preocupação clara na defesa a possíveis agressões e ameaças indeterminadas com interesse no ataque à integridade nacional (SANTOS 2004). Na mesma linha de raciocínio de Cristina SARMENTO (2010, 59), "[A] sociedade internacional é considerada anárquica, o conflito interestadual o tipo dominante de conflito, e quer a força militar, quer a diplomacia, são os principais meios de providenciar a segurança do Estado. Donde decorre que a política externa é tradicionalmente uma política de segurança político-militar."

A noção de segurança externa tem a sua delimitação em todas as ameaças que surjam do exterior das fronteiras do território nacional, distinguindo-se da segurança interna, que se reporta às possíveis ameaças internas à segurança nacional. A segurança interna é assim considerada, como sendo tudo o que respeita o âmago do território nacional.

Portugal, enquanto membro da União Europeia, terá de cumprir não só com a segurança e defesa nacional, como também contribuir para a segurança europeia e internacional. O seu contributo observa-se, designadamente, nas várias missões de paz nas quais o exército e as forças de segurança têm tido uma participação activa, nestes últimos anos[2].

A participação na UE implica, no entanto, dois tipos de segurança interna e externa. A que diz respeito aos problemas de criminalidade no seio do território europeu, a qual pode ser denominada de segurança interna europeia. Por outro lado, a que diz respeito à segurança que é realizada no sentido da protecção do espaço europeu, poderá ser denominada de segurança externa europeia. A segurança que é praticada em Portugal nunca se poderá dissociar da segurança Europeia, considerando-se para tal a internacionalização da insegurança.

Ameaças à Segurança

Na luta contra a criminalidade organizada existe uma tentativa constante de definir concretamente onde se encontra o limite da liberdade e da segurança, e até que ponto a sua actuação se tem pautado pela violação de direitos, liberdades e garantias. Segundo Severiano TEIXEIRA (2002, 20) "[A] polícia cumpre e faz cumprir a lei, com os meios e do modo que a lei o determina. E a lei, num Estado de direito democrático, só pode estar ao serviço dos cidadãos e dos seus direitos. A segurança é, pois, a condição da liberdade".

Dentro do território nacional existem determinadas ameaças internas que fazem tremer os pilares da formação democrática. Estas ameaças podem ter diversas origens, bem como diferentes níveis de actuação. A origem pode vir de determinados sectores, quer do simples criminoso de rua, que esporadicamente vai cometendo um crime, até ao cometimento de crimes através de uma rede organizada.

---

[2] Estas são consideradas as linhas mestras para o prosseguimento da política de defesa nacional, inseridas no Programa do XVII Governo Constitucional.

As formas de ameaça interna apresentam-se sob determinadas vertentes, como por exemplo a prostituição, os bairros degradados, o consumo e tráfico de droga, e outros delitos em termos gerais. No entanto, quando se fala em ameaça interna é necessário fazer uma análise da ameaça externa, pois só sabendo qual a sua ligação vai permitir desvendar qual a origem do crime, e só então o traçar de novas estratégias de combate ao crime.

Por outro lado, as ameaças externas são originadas por um conjunto complexo de factores tais como: a internacionalização do terrorismo, que, ao assumir formas diversificadas de actuação, pode vir a provocar grande violência; a ligação entre fundamentalismo e meios violentos; a expansão e complexificação das redes transnacionais de narcotráfico; a utilização de diferentes sistemas financeiros nacionais para efeito de branqueamento de capitais o que dificulta a identificação do crime; a vulnerabilidade do sistema económico e do tecido produtivo, uma vez que há determinado tipo de investimentos de grupos estrangeiros que visam fins de legalidade duvidosa; o desenvolvimento de actividades destabilizadoras, ligadas ao fenómeno desportivo (hooliganismo, vandalismo); o crescimento e diversificação de redes criminosas de tráfico de seres humanos e a prática de crimes ecológicos de grandes dimensões[3].

A acção terrorista tem tido uma abrangência ao nível internacional, beliscando a segurança interna de cada um dos países. Em Portugal assistiu-se também a este a actividade terrorista, apesar de serem considerados actos isolados com fins muito específicos, sem que tenham propriamente algo a ver directamente com o país. No entanto, recentemente verificou-se uma movimentação crescente de associações criminosas ao nível nacional, com vista ao planeamento de atentados terroristas. Como exemplo, foi o caso que ocorreu recentemente no norte do país com a descoberta a primeira base ETA[4].

Pelas informações obtidas sabe-se que essas redes terroristas apenas se serviram do país como meio camuflado de actuações fora do território nacional. Após esta breve abordagem rapidamente se chega à conclusão da necessidade que a política nacional de segurança tem em se aliar às políticas europeias de segurança.

---

[3] Estes são alguns dos exemplos dados pelo Serviço de Informações de Segurança.

[4] Os três elementos da organização que alegadamente pertenciam à ETA alugaram uma vivenda no litoral do país, em Óbidos. Nesse local foram encontrados muitos materiais explosivos e armas. Esta descoberta acabou por não surpreender as autoridades espanholas pois já existia a suspeita da ETA estar a criar bases logísticas em Portugal. (*Jornal de Notícias*, Edições de 6 e 7 de Fevereiro de 2010).

Poderá pensar-se que é um pouco prematuro falar no que será a nova realidade em termos de ameaça à estabilidade geral, mas, no entanto, apenas o que se pretende evitar é o "factor surpresa". A perda de vidas humanas causa um grande impacto na sociedade, por isso, rapidamente tem de se encontrar novas formas de prevenção dos atentados terroristas.

Cooperação Policial Europeia

A cooperação policial tem a sua génese muito antes da formação europeia, já nos primórdios podíamos considerar a troca de informação entre os vários povos como uma entreajuda de cooperação para o desvendar de determinados crimes.

Desde já se pode definir cooperação policial europeia como uma actuação concertada acompanhada pelos vários Estados-Membros da União, no âmbito da prevenção e combate à criminalidade. O objectivo geral desta cooperação policial prende-se com garantir um alto nível de protecção dos cidadãos que vai de encontro aos princípios basilares do Tratado da União Europeia.

As primeiras manifestações de cooperação policial surgem no final do séc. XVIII, após o emergir de relações político-diplomáticas entre países na senda internacional. A necessidade de se fazer um centro de informação comum sobre criminosos em relação aos países da Bélgica e da Holanda foi o ponto de partida para a consolidação daquilo que é hoje a cooperação policial ao nível da Europa, segundo a linha de pensamento de BRAMMERTZ (2000, 6-7).

As sociedades em rede revestem-se de problemáticas de índole criminógena, culminando numa necessidade crescente de haver cooperação interestadual. A premente necessidade de cooperação culminou na realização do primeiro Congresso Internacional de Polícia em 1914, no Mónaco. Nessa altura contou com a participação de 17 países, demonstrando a preocupação que os efeitos da criminalidade começam a produzir.

Após 1956, surge a Organização Internacional de Polícia Criminal, mais conhecida por Interpol. Á luz do Direito Internacional, a Interpol, é uma organização entre serviços de polícia de diferentes países, alcançando o estatuto de Organização Internacional atribuído pela Organização das Nações Unidas (ONU). Mas, pelas características e evolução de novos tipos de criminalidade, houve a necessidade de reforçar a cooperação praticada na Europa.

Com a concretização do acordo de Schengen, em 1985, deu-se início a um novo tipo de cooperação policial europeia. Esta cooperação, para além de visar o controlo das fronteiras internas, visava também o reforço do controlo das fronteiras externas, prevenindo o tráfico de droga, a imigração clandestina, a criminalidade grave e organizada e, pela primeira vez, previa a realização concreta da prevenção e repressão do terrorismo. Destaca-se também a criação de um Sistema de Informação Schengen (SIS), para o acesso a dados comuns sobre pessoas e objectos, o controlo da circulação de pessoas e a preservação da ordem e da segurança públicas.

A queda do Muro de Berlim e o fim da Guerra-fria marcaram determinantemente as fronteiras na Europa. Finalmente, podia ser englobado o espaço central e oriental da Europa, modificando o espaço político europeu. Em 1991, com a abertura da Conferência Intergovernamental sobre a União Política e após várias sessões negociais, foi finalmente, instituído o Tratado da União Europeia (TUE), em 1992. O Tratado Maastricht estruturou a União Europeia em três pilares: o primeiro pilar que compreendia a CE, a CECA e a CEEA; o segundo pilar relativo à Política Externa e Segurança Comum; o terceiro pilar, cooperação no domínio da Justiça e Assuntos Internos (JAI), que previa uma cooperação mais estreita quer entre as forças policias nacionais, directamente ou através do serviço Europeu de Polícia (EUROPOL), quer entre as autoridades judiciárias, directamente ou por intermédio da unidade europeia de cooperação judiciária EUROJUST.

Mais tarde foram alterados aspectos significativos do TERCEIRO pilar com o Tratado de Amesterdão. Com as transferência das matérias relativas à imigração, ao asilo, à cooperação aduaneira, à cooperação judiciária civil, para o pilar comunitário, o terceiro pilar fica restrito à cooperação policial e judiciária em matéria penal. Um protocolo anexado ao Tratado consagrou a incorporação do acervo de Schengen na ordem jurídica comunitária. Foi ainda introduzido um novo objectivo da União que consistia na "manutenção e desenvolvimento da União enquanto espaço de liberdade, de segurança e de justiça, em que seja assegurada a livre circulação de pessoas, em conjugação com medidas adequadas em matéria de controlos na fronteira externa, asilo e imigração, bem como de prevenção e combate à criminalidade". No sentido de garantir a protecção dos cidadãos, os vários Estados-Membros deveriam implementar novas formas de cooperação no sentido de haver uma maior eficácia e eficiência na prevenção e combate à criminalidade.

Em 1999, o Conselho Europeu de Tempere estabeleceu o primeiro programa no âmbito da segurança interna, que contemplava a constituição de uma *Task Force* de chefes de polícia para o intercâmbio de experiência e informações, a constituição de equipas de investigação conjuntas, o reforço da Europol e a criação a Academia Europeia de Polícia (CEPOL).

O Programa da Haia veio substituir o Programa de Tampere[5], prevendo o reforço de medidas práticas de cooperação policial, a melhoria do intercâmbio de informações, designadamente através do "princípio da disponibilidade", e a intensificação da externalização da cooperação policial.

Coube a Portugal a presidência da União Europeia no ano de 2000, cuja participação activa na construção europeia se cifrou na Cimeira da Feira, ainda hoje referenciada no quadro da cooperação penal judiciária e policial. Em 2001, procedeu-se à assinatura do Tratado de Nice, alargando o espectro do tratado de Amesterdão para as novas exigências da Europa alargada.

Com a Presidência Portuguesa em 2007, foi assinado o Tratado de Lisboa. Este Tratado vem alterar os Tratados da CE e da UE, sem contudo os substituir. Pretende-se assegurar uma maior intervenção dos cidadãos nos assuntos europeus vendo os seus direitos fundamentais consagrados numa carta, bem como satisfazer as suas expectativas em matéria da energia, alterações climatéricas, imigração e criminalidade transnacional. No art. 61.º n. 3, vem previsto o seguinte:

> A União envida esforços para garantir um elevado nível de segurança, através de medidas de prevenção da criminalidade, do racismo e da xenofobia e de combate contra estes fenómenos, através de medidas de coordenação e de cooperação entre autoridades policiais e judiciárias e outras autoridades competentes, bem como através do reconhecimento mútuo das decisões judiciais em matéria penal e, se necessário, através da aproximação das legislações penais (TL: 2007)

Em Portugal, as forças e serviços de segurança cooperam entre si tal como vem designado no art. 6.º da Lei de Segurança Interna, designadamente "através da comunicação de informações que, não interessando apenas à prossecução dos objectivos específicos de cada um deles, sejam necessários à realização das finalidades de outros".

Actualmente, esta ideia de cooperação vem reforçada no Plano de Acção de aplicação do Programa de Estocolmo pretendendo-se reforçar

---

[5] Foi adoptado pelo Conselho Europeu em 15 e 16 de Outubro de 1999. A Comissão avaliou os resultados obtidos nestes últimos cinco anos na sua Comunicação de 2 de Junho de 2004.

a ideia de uma Europa segura baseada no conceito de cooperação entre os vários Estados-Membros:

> A Europa enfrenta actualmente uma crescente criminalidade transnacional. É nossa obrigação colaborar com os Estados-Membros, o Parlamento Europeu, os países terceiros em causa e, quando necessário, com o sector empresarial, desenvolvendo todos os esforços para que os cidadãos da UE possam viver num ambiente seguro. O Tratado de Lisboa dota a União de instrumentos mais eficazes para lutar contra o terrorismo e a criminalidade organizada:
> Uma Estratégia de Segurança Interna, tendo por base o pleno respeito dos direitos fundamentais e a solidariedade entre os Estados-Membros, será aplicada com cuidado e com a firme intenção de enfrentar os desafios que se multiplicam a nível transfronteiras. Para este efeito, deve ser adoptada uma abordagem coordenada da cooperação policial, da gestão das fronteiras, da cooperação judicial em matéria penal e da protecção civil (Comissão Europeia 2010).

Cooperação Policial e Judiciária

A prevenção do terrorismo terá de se efectivar através da realização completa do previsto no normativo legal nacional, europeu e internacional. A cooperação policial é fundamental para a concretização das políticas de prevenção e combate ao terrorismo; no entanto, só conseguirá produzir efeitos práticos se, de igual forma, for concretizada a cooperação judiciária.

Analisando o seguinte diagrama mais facilmente se percepciona a interligação que deverá existir entre os vários tipos de cooperação e qual o fim último que se pretende com a sua concretização na prática.

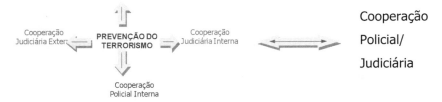

No que concerne a cooperação policial esta divide-se em cooperação policial interna e cooperação policial externa. A cooperação policial interna é realizada dentro das limitações territoriais de cada Estado--membro.

Após a integração na união europeia coexiste uma dupla cidadania, ou seja, por um lado é considerado cidadão português, mas, ao mesmo tempo, também, cidadão europeu. Neste sentido, existe uma cooperação policial externa, ou seja, todo o tipo de cooperação policial realizada entre os vários países europeus, bem como ao nível de uma cooperação multilateral ao nível internacional.

Por outro lado, a cooperação judiciária é sem dúvida a única forma de complementar a possibilidade de efectivar a cooperação policial. Neste caso existe a cooperação judiciária interna que é aquela praticada entre os organismos do sistema judicial português. Mas, à semelhança da cooperação policial, a cooperação judiciária tem a sua base de sustentação nos sistemas judiciais europeus, e por isso se considera a cooperação judiciária externa. O sistema judicial português terá de obedecer aos critérios definidos pelo sistema judicial europeu. Ao existir uma boa cooperação judiciária interna, mais facilmente se fará uma interligação com o sistema judicial europeu. Se a cooperação judiciária europeia tem resultados eficazes no que concerne a prevenção da criminalidade grave, a segurança nacional de cada Estado será reforçada.

Para além da cooperação interna envolvendo forças policiais e organismos judiciais, é obrigatória a existência de uma cooperação intra-governamental, conseguida através de uma cooperação ministerial efectiva. A responsabilidade primária pela luta contra o terrorismo no território de um determinado país pertence ao governo respectivo. É necessário que a cooperação interna seja uma aliada indissociável de uma cooperação externa, pois só assim se consegue permanentemente uma prevenção efectiva e eficaz.

A cooperação está ligada a uma base legal nacional indissociável das normas europeias e internacionais. A única forma de actuar contra o terrorismo é a existência de uma cooperação alargada ao nível europeu e internacional. Para tal é indispensável estabelecer e reforçar os vários tipos de cooperação em Portugal, bem como no quadro europeu.

É importante, ainda, que haja uma cooperação judiciária e policial internacional que passa pelas relações que a Europa deverá manter com os vários sistemas judiciários e policiais internacionais. Sem este tipo de cooperação judiciária e policial internacional muito dificilmente se poderá assegurar a concretização de um dos objectivos da união europeia: assegurar o direito à segurança.

Cooperação Policial: (In)Eficázia na Luta contra o Terrorismo Transnacional

A cooperação policial, pelo que já foi mencionado, constitui uma ferramenta fundamental para a prossecução dos direitos fundamentais, principalmente, no que respeita à protecção do direito à segurança, e consequentemente à liberdade individual de qualquer cidadão europeu. No entanto, as novas formas de combate ao terrorismo devem ser analisadas profundamente, pois a análise sobre os prováveis problemas do sistema, concorrem para melhoria significativa daquilo que se pretende com a cooperação policial.

Da abordagem efectuada detectou-se alguns pontos frágeis, nomeadamente:

- Défice de coordenação infragovernamental: as forças e serviços de segurança nacionais exercem um poder competitivo para a obtenção de melhores resultados o que limita o grau de eficácia da cooperação que deve existir entre as várias entidades policiais (MACHADO 2004, 219).
- Entraves à cooperação no seio das equipas de investigação conjuntas: é associado às disparidades encontradas nos ordenamentos jurídicos nacionais, resultando em formas de actuação distintas.
- Falhas na partilha de informações: por um lado os sistemas tecnológicos de partilha de informação não são suficientes, agravando o facto de política de partilha de informações não se cumprir na integra por ausência de punição em caso de incumprimento. O maior problema depreende-se com a limitação no cruzamento de dados entre os factos relacionados com o pro-acto e pós-acto criminoso.
- Deficiências no controlo das fronteiras externas: As novas tecnologias de controlo externo ainda não estão a funcionar na íntegra por falhas e incompatibilidades dos novos sistemas.
- Procedimentos de decisão intergovernamentais: as decisões são morosas e complexas. Contudo, espera-se uma grande melhoria aquando da concretização das normas regulamentares previstas no Tratado de Lisboa.
- Concretização tardia de compromissos decorrentes dos instrumentos jurídicos da União Europeia.

Estas fragilidades podem em muitos casos ser considerados como falhas no sistema. Têm de ser revistos, pois o normativo europeu é bem claro em relação à definição da estratégia de segurança e a forma como os países devem de agir para a sua correcta concretização.

Por exemplo, no âmbito da partilha de informações, a Lei de Segurança Interna prevê, claramente, que as forças e serviços de segurança têm de cooperar na partilha de informações: "as forças e os serviços de segurança cooperam entre si, designadamente através da comunicação de informações que, não interessando apenas à prossecução dos objectivos específicos de cada um deles, sejam necessárias à realização das finalidades de outros, salvaguardando os regimes legais do segredo de justiça e do segredo de Estado. (art.º 6). Mas esta ideia vem ainda reforçada no normativo europeu: "Compete à Unidade de Coordenação Antiterrorismo garantir a coordenação e a partilha de informação, no âmbito do combate ao terrorismo, entre os serviços que a integram" (art. 23 do Tratado de Lisboa).

Em termos da concretização de uma boa cooperação, o Tratado de Lisboa criou o Comité Permanente sobre a Cooperação Operacional no domínio da Segurança Interna (COSI)[6] para "garantir uma coordenação e uma cooperação eficazes entre as autoridades policiais e de gestão das fronteiras, incluindo o controlo e a protecção das fronteiras externas, e sempre que adequado a cooperação judiciária em matéria penal necessária para a cooperação operacional" (Conselho Europeu 2010).

Já no âmbito das novas tecnologias devem de ser coordenadas de forma a ser assegurado uma "cooperação estrita entre as agências da UE e os organismos implicados na segurança interna da UE (Europol, Frontex, Eurojust, Cepol e Sitcen) a fim de proporcionar operações cada vez mais coordenadas, integradas e eficazes" (Conselho Europeu 2010).

Ao existir uma efectivação de todas estas estruturas europeias e a concretização e respeito pelo normativo europeu, haverá certamente a realização eficaz de uma cooperação policial.

Prevenção como Factor de Sucesso no Combate ao Terrorismo

O terrorismo tem vindo a alastrar à escala mundial, revelando-se a incapacidade dos Estados para o combater. Tendo em conta análise efectuada anteriormente sobre as fragilidades encontradas ao nível da prevenção do

---

[6] O Comité Permanente sobre a Cooperação Operacional no domínio da Segurança Interna foi aprovado pela Decisão /131/2010 do Conselho de 25 de Fevereiro de 2010. Cfr. JO L 52, 50, de 3.3.2010.

terrorismo, deverão ser discutidas novas estratégias de prevenção, procurando a sua forma mais eficaz alcançar um caminho comum na Europa.

A dificuldade em grande parte persiste na falta de cooperação efectiva entre os vários países, quer se fale em cooperação interna, quer externa. Não se pode efectivamente tratar de uma alteração de reforma interna de um país como se fosse um problema estritamente nacional, sem contextualizar o país na senda europeia.

Uma das grandes vantagens da cooperação policial consiste na partilha de informações capazes de prevenir os actos criminosos que assolam os países a um nível internacional, com repercussões consequenciais no equilíbrio democrático. Esta partilha de informações dão cobro às várias falhas existentes nas sociedades fragilizadas por prováveis ameaças Apesar das informações só se terem desenvolvido em 1855, foram um factor de grande importância para o delinear de estratégias no âmbito da cooperação[7].

Com o fim da Guerra-Fria as informações ganharam relevância no que concerne à segurança nacional, chegando-se à conclusão que os ataques terroristas poderiam ter sido evitados se existisse uma boa partilha de informações.

A procura da concretização de princípios orientadores da cooperação policial, está plasmada em documentos oficiais da UE, tais como a "Declaração sobre a Luta contra o Terrorismo" e o Programa de Haia. Nestes documentos vêm referenciados como princípios orientadores a necessidade de partilha de informação entre os serviços de *intelligence* e os policiais, e os princípios da disponibilidade de informação entre os vários Estados-Membros[8].

Ainda no quadro europeu, várias iniciativas têm contribuído para a melhoria da partilha de informações. A este nível merece destaque a criação do Colégio Europeu de Polícia (CEPOL) que tem contribuído para a partilha de informações e de boas práticas de actuação no combate ao

---

[7] A Estratégia Antiterrorista da UE abrange quatro áreas de actuação: Reforçar as capacidades nacionais melhorando a recolha e análise de dados de informações; Reforçar a cooperação europeia, desenvolvendo mecanismos que facilitem a sua cooperação; Desenvolver a capacidade colectiva, aproveitando da melhor forma a capacidade dos órgãos da UE, tal como a Europol e a Eurojust; e a Promoção de parcerias internacionais, cooperando com parceiros exteriores à UE, para desenvolver as capacidades e reforçar a luta contra o terrorismo (Luís TOMÉ. 2006. "444: A Estratégia Anti-Terrorista da União Europeia". In *Segurança e Defesa*, Lisboa, n.º 1: 26-27).

[8] Nestes princípios balizadores da cooperação policial, tem de se ter em linha de conta o princípio da não violação da base de dados.

crime[9]. A *Task Force* dos Chefes de Polícia europeus tem também concorrido para a normalização e padronização das formas de actuação policial na União Europeia. Estas reuniões de Chefes de Polícia de vários países europeus prendem-se com a discussão de vários problemas criminais visando a implementação de estratégias comuns[10]. A implementação do sistema SIS One 4 All[11] foi um dos grandes passos para uma maior efectividade no âmbito da cooperação transfronteiriça. Actualmente, exige-se uma melhoria das tecnologias e o Plano de Acção de aplicação do Programa de Estocolmo evoluiu no sentido da previsão de aplicação de sistemas de controlo como o Sistema de Informação de Schengen II (SIS II) e o Sistema de Informações sobre Vistos (VIS):

> Uma utilização inteligente das tecnologias modernas na gestão das fronteiras, fazendo com que os cidadãos da União se sintam em segurança. A entrada em funcionamento dos sistemas SIS II e VIS continuará a ser uma prioridade importante. (Comissão Europeia 2010).

Por outro lado, a realização de seminários e conferências internacionais constituem uma mais-valia para a partilha de informação e troca de experiências tendo em vista o melhoramento da prática operacional.

Estes são os vários campos de desenvolvimento da cooperação policial e judiciária no seio da União Europeia, contudo, é insuficiente para que se possa falar de uma cooperação verdadeiramente eficaz no combate ao crime.

Pretende-se que a Europa tenha uma resposta rápida perante o desenrolar de novas realidades ameaçadoras da segurança europeia. Pretende-se acima de tudo que o cidadão europeu consiga viver em paz e tranquilidade, sem pensar que amanhã poderá ser a próxima vítima de um acto terrorista. Apenas através de uma atitude pró-activa se consegue evitar as consequências destas acções criminosas.

O pressuposto básico para o combate ao terrorismo é através de uma prevenção efectiva e permanente. Tal como diz Orlando SOARES (1983, 125), "o objectivo de prevenir ou dispor de maneira que evite dano ou mal, preparando medidas ou providências de antecipação", ou seja, só através da previsibilidade da actuação terrorista se consegue chegar ao fim pre-

---

[9] Vide http://www.*cepol.europa.eu*

[10] Vide http://ec.europa.eu/justice_home/key_issues/.../terrorism_0904_pt.pdf

[11] Sistema utilizado para controlo da segurança transfronteiriça. Esta ideia inovadora partiu de Portugal, até que ficassem concluídos os programas SIS II e VIS, porque os sistemas tiveram de sofrer muitas alterações até à sua implementação. *Vide JO* Resolução 2010/C 265 E/01 e *www.sisone4all.sef.pt*.

tendido. Porque não pensar numa cooperação entre as forças policiais nacionais e europeias, bem como todos os outros organismos que tem como função uma acção de prevenção e combate do crime, na linha de pensamento de Manuel RIBEIRO e Mónica FERRO (2004, 21).

Na União Europeia deverão ser encontradas formas para que haja uma atitude reforçada e mais interventiva no plano internacional. Neste sentido prevêem-se no Tratado de Lisboa medidas para tornar instituições mais eficazes e racionais, através de um processo de decisão mais célere e coerente em matéria de lei e ordem pública proporcionando uma maior capacidade para lutar contra o crime, o terrorismo e o tráfico de seres humanos.

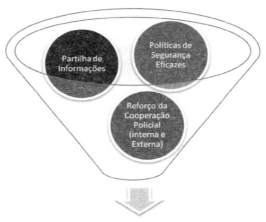

Prevenção do Terrorismo

A Estratégia da Segurança Interna da União Europeia, reforça esta ideia da prevenção:

> Entre os principais objectivos da estratégia de segurança interna da UE contam-se a prevenção e a antecipação da criminalidade e das catástrofes naturais ou provocadas pelo homem, assim como a atenuação do seu potencial impacto. Embora o processamento em justiça dos autores de crimes continue a ser essencial, uma maior atenção à prevenção dos actos criminosos e dos atentados terroristas antes que se produzam pode ajudar a reduzir os consequentes danos humanos ou psicológicos, muitas vezes irreparáveis.
>
> A nossa estratégia deve portanto dar destaque à prevenção e à antecipação, com base numa abordagem proactiva e assente nas informações e na obtenção de provas necessárias para o processo judicial. A instauração de uma acção em justiça só pode ter êxito se estiverem disponíveis todas as informações necessárias. (Conselho Europeu 2010).

A antecipação ao acontecimento é o segredo para o sucesso e culmina no desmantelamento das redes criminosas que tenham como fim eliminar massivamente vidas humanas.

Considerações Finais

Após uma breve análise sobre a ealidade criminal nacional e transnacional rapidamente se chega à conclusão da necessidade de encontrar novas soluções urgentes e eficazes para a erradicação de todas as formas de criminalidade violenta. Assim sendo, conclui-se que a supressão de factor surpresa só se consegue através de uma boa política de prevenção criminal.

Na perspectiva de Adriano MOREIRA (2003), hoje em dia fala-se na "era da mundialização, crise de soberania, conflito de civilizações, fim da história, sociedades transnacionais, sociedade anárquica". Esta percepção europeia do mundo é intensificada pelo desmantelamento das fronteiras internas.

A preocupação deverá recair primordialmente sobre todas as formas de criminalidade grave, porquanto afecta a liberdade dos cidadãos. Uma das mais graves modalidades de acção dos criminosos é o terrorismo.

A Europa deverá desenvolver um modelo de segurança interna assente na cooperação. A cooperação é feita a vários níveis, com diferentes actores e modalidades de acção.

Esta cooperação deverá ter a sua égide no factor primazia que é a prevenção. O acto terrorista só se evita prevenindo as suas acções através de uma cooperação conjunta entre os vários organismos existentes. Só através de uma prevenção global se consegue chegar à erradicação da ameaça inesperada apanágio dos atentados terroristas.

BIBLIOGRAFIA

AAVV, 2006. *Terrorismo e Relações Internacionais – Conflito e Cooperação nas Relações Internacionais*. Lisboa: Gradiva.
AAVV, 2006. "444: A Estratégia Anti-Terrorista da União Europeia". In *Segurança e Defesa*, Lisboa, n.º 1: 26-27.
AAVV, DICIONÁRIO PRIBERAM. 2010. http://www.priberam.pt.
ALMEIDA, Rui Lourenço Amaral. 2005. *Portugal e a Europa-Ideias, Factos e Desafios*. Lisboa: Edições Sílabo.

BRANDÃO, Ana Paula, coord. 2010. *A União Europeia e o Terrorismo Transnacional*. Lisboa: Almedina.
BRANDÃO, Ana Paula, 2003. "Segurança: um Conceito Contestado em Debate". In *Informações e Segurança*, coord. Adriano MOREIRA. Lisboa: Prefácio: 37-53.
BENY, Eduardo, 2005. "A Paz e a Guerra nas Novas Relações Internacionais", Novo Imbondeiro.
BUSTAMANTE, R. P., Colsa J. M. U. 2004. *História da União Europeia*. Coimbra: Coimbra Editores: 5-32.
CANOTILHO, José Joaquim Gomes. 2004. *Estudos Sobre Direitos Fundamentais*. Coimbra: Coimbra Editores.
DIAS, Jorge de Figueiredo, e Manuel da Costa Andrade. 1992. *Criminologia – o Homem Delinquente e a Sociedade Criminógena*. Coimbra: Coimbra Editora: 2-45.
DIAS, Jorge de Figueiredo, 2001. *Temas Básicos da Doutrina Penal-Sobre os Fundamentos da Doutrina Pena Sobre a Doutrina Geral do Crime*. Coimbra: Coimbra Editora: 15-43.
ESPADA, João Carlos. 1998. *A Tradição da Liberdade*. Cascais: Principia.
FERREIRA, Maria João Militão. 2005. *A Política Externa Europeia-Uma Reflexão Sobre a União Europeia como actor Internacional*. Lisboa: Universidade Técnica de Lisboa/ISCSP.
GONÇALVES, Manuel Lopes Maia. 2009. Código *Penal Português – Anotado E Comentado*. Coimbra: Edições Almedina.
LETRIA, José Jorge, 2000. *A Cidadania Explicada aos Jovens… e aos Outros*. Liboa: Terramar: 2-26.
MARTINS, Guilherme de Oliveira, 2003. *Que Constituição para a União Europeia?* Lisboa: Gradiva: 25-49.
MENDES, Rui de Almeida. 1986. *Tratado de Adesão à C.E.E. – Parecer da Comissão de Integração Europeia*. Lisboa: Assembleia da República – Divisão de Edições.
MOREIRA, Adriano, coord. 2003. *Informações e Segurança*. Lisboa: Prefácio.
PUIG, Santiago Mir. 1990. *Derecho Penal*, 3ª ed. Barcelona: PPU.
QUEIROZ, Cristina M. M. 2002. *Direitos Fundamentais – Teoria Geral*. Coimbra: Coimbra Editores, 2002.
RIBEIRO, Manuel de Almeida Ribeiro, e Mónica FERRO. 2004. *A Organização das Nações Unidas*, 2.ª Edição. Coimbra: Almedina.
ROXIN, Vide Claus. 1993. *Problemas Fundamentais de Direito Penal*, 2ª ed. Lisboa: Veja.
SARAIVA, António José, 1995. *História Concisa de Portugal*, 17ª ed. Mem Martins: Publicações Europa América.
SARDINHA, José Miguel, 1989. *O Terrorismo e a Restrição dos Direitos Fundamentais*. Coimbra: Coimbra Editores.
SARMENTO, Cristina Montalvão. 2009. *Política e Segurança – Novas Configurações do Poder*. Lisboa: Fundação para a Ciência e a Tecnologia.
SIMÕES, Pedro, 2002. *Os Serviços Secretos em Portugal – Os Serviços de Informação e a Comunicação Social*. Lisboa: Prefácio.
SANTOS, Loureiro, 2004. *Convulsões – Ano III da «Guerra» ao Terrorismo*. Lisboa: Publicações Europa – América.
TEIXEIRA, Nuno Severiano. 2002. *Contributos para a Política de Segurança Interna*. Lisboa: Ministério da Administração Interna.

VALENTE, Manuel Monteiro Guedes. 2005. *Teoria Geral do Direito Policial*. Tomo I. Lisboa: Almedina.
FERNANDES, Luís Fiães. 2005. *Segurança Interna – Reflexões e Legislação*. Lisboa: Almedina.

Legislação e Documentos Oficiais

PORTUGAL. 2009. "Lei de Defesa Nacional n.° 31-A/2009. *Diário da República*, 1.ª série — N.° 129 — 7 de Julho de 2009.
PORTUGAL. 2009. Decreto-Lei n.° 299/2009. *Diário da República* 199, Série I – 14 de Outubro de 2009.
PORTUGAL. 2008. "Lei de Segurança Interna n.° 53/2008". *Diário da República*, 1.ª série — N.° 167 — 29 de Agosto de 2008.
PORTUGAL. 2005. "Constituição da República Portuguesa". http://www.parlamento.pt.
Comissão Europeia. 2010. "Realização de um espaço de liberdade, de segurança e de justiça para os cidadãos europeus. Plano de Acção de aplicação do Programa de Estocolmo".
COM(2010)171.[http://eur-lex.europa.eu/LexUriServ/LexUriServ.do?uri=COM:2010: 0171:FIN:PT:PDF
Conselho Europeu. 2010. "Estratégia de segurança interna da União Europeia Rumo a um modelo europeu de segurança." [http://www.consilium.europa.eu/uedocs/cms_data/ librairie/PDF/QC3010313PTC.pdf].
Parlamento Europeu. 2009. "Progressos do SIS II e do VIS" (Resolução (2010/C 265 E/01). *Jornal Oficial da União Europeia* C 265 (30 de Setembro de 2010).
"Tratado de Lisboa que altera o Tratado da União Europeia e o Tratado que institui a Comunidade Europeia, assinado em Lisboa em 13 de Dezembro de 2007." 2007. *Jornal Oficial da União Europeia* C 306 (17 de Dezembro de 2007).

A POLÍTICA COMUM DE SEGURANÇA E DEFESA DA UNIÃO EUROPEIA E A LUTA CONTRA O TERRORISMO: GÉNESE E EVOLUÇÃO DE UM NOVO NEXO

LAURA C. FERREIRA-PEREIRA
e BRUNO OLIVEIRA MARTINS

Ao longo da última década, a conceptualização e implementação da Política Comum de Segurança e Defesa (PCSD) desenvolveu-se em paralelo com uma crescente preocupação, por parte da União Europeia (UE), em relação ao combate ao terrorismo. Foi sob este racional que, desde 2001, a Política Externa e de Segurança Comum (PESC) e, mais especificamente, a Política Europeia de Segurança e Defesa (PESD), têm sido, recorrentemente, mencionadas na maioria dos documentos oficiais da UE relativos à luta contra o terrorismo. Apesar disso, as missões lançadas desde 2003 no quadro da PESD nunca foram explicitamente usadas, quais instrumentos operacionais, no combate ao terrorismo.

Tendo sido conceptualizada e institucionalizada ao longo de vários Conselhos Europeus desde 1999, a PCSD não foi, originariamente, concebida para combater o terrorismo, uma vez que esta ameaça era percebida como um assunto de segurança interna e, como tal, enquadrava-se no âmbito de acção do antigo terceiro pilar de Maastricht relativo ao domínio da Justiça e Assuntos Internos. Todavia, os atentados de 11 de Setembro de 2001 e a consequente consciencialização sobre um novo terrorismo transnacional produziram uma importante mudança na abordagem da UE a este fenómeno, de que o Conselho Europeu Extraordinário de 21 de Setembro de 2001 foi o primeiro a dar conta, reafirmando que a PESC, incluindo a PESD, poderiam contribuir para combater essa ameaça. A Estratégia Europeia de Segurança (EES), aprovada em Dezembro de 2003, colocou o terrorismo no topo da lista de ameaças à segurança da UE e, ao fazê-lo, gerou um novo ímpeto a esta nova forma de olhar para o combate à nova ameaça assimétrica.

Em sentido oposto, contudo, uma análise aos objectivos e natureza das mais de duas dezenas de missões conduzidas sob a égide da PESD/ /PCSD revela uma inexistência quase total de referências a propósitos associados ao combate ao terrorismo. Ademais, não obstante a PCSD se caracterizar por uma assinalável abrangência ao nível da sua natureza (civil, militar e mista), da área geográfica de actuação (i.e. África, Médio Oriente, Sudeste Asiático, Balcãs) e dos seus objectivos (i.e. patrulhamento de fronteiras, formação policial e militar e apoio ao Estado de Direito, etc), a luta contra o terrorismo não se inscreve no rol de finalidades desta política da UE, o que configura uma contradição entre o plano discursivo oficial e o plano operacional.

Tomando tal constatação como ponto de partida, este estudo tem por escopo explicar o processo conducente ao estabelecimento de um nexo conceptual entre a PCSD e a luta contra o terrorismo; e problematizar as causas para a sua não-tradução objectiva no terreno das operações. Mais especificamente, procurar-se-á perceber o lugar que a PCSD ocupa na abordagem europeia à luta contra o terrorismo e o enquadramento teórico e conceptual (reflectido na documentação da UE) que o sustenta. Assim, serão analisados oito momentos-chave na constituição da concatenação conceptual entre essas duas áreas (i.e. a PCSD e a luta contra o terrorismo). Posteriormente, far-se-á uma breve incursão sobre as missões da PCSD – já concluídas e em curso –, de modo a aferir o lugar (não-)ocupado pela luta contra o terrorismo. Na parte final deste estudo, serão avançadas algumas conclusões exploratórias, tendo em vista uma interpretação do 'som' (leia- -se, significado) do silêncio subjacente ao *vacuum* prevalecente entre os princípios declarados pela UE e a sua respectiva implementação. A importância do tópico em apreço e dos objectivos que presidem ao presente estudo insere-se numa discussão mais lata em torno da tendência para a afirmação de uma arquitectura de segurança da UE de segunda geração, que, do ponto de vista analítico, valoriza a interdependência ao nível tanto de instituições e actores, como de implementação de políticas, naquilo que no jargão académico dos Estudos Europeus se chama *cross-pillarisation*[1].

---

[1] A ideia de *cross-pillarisation* (ou 'trans-pilarização') parte da arquitectura de pilares que o Tratado de Maastricht introduziu na organização política da UE. Muito sumariamente, significa que, em determinadas áreas de intervenção, a defesa do interesse comunitário e a prossecução de determinados objectivos prevalece, na prática, sobre aquela divi-

A PESD e a Luta Contra o Terrorismo: Um Elo Inexistente

Quando a PESD foi lançada no Conselho Europeu de Colónia de 1999, e durante o período em que foi esta conceptualizada e institucionalizada, não foi convocada qualquer ligação entre a nova política comum e a luta contra o terrorismo. Nos termos das Conclusões da Presidência desse Conselho Europeu, os chefes de Estado e de Governo dos então 15 acordaram que:

> o Conselho deve poder tomar decisões sobre todos os tipos de missões em matéria de prevenção de conflitos e gestão de crises definidas no Tratado da União Europeia, as «missões de Petersberg». Para esse efeito, a União deve dispor de capacidade de acção autónoma, apoiada em forças militares credíveis, de meios para decidir da sua utilização e de vontade política de o fazer, a fim de dar resposta às crises internacionais, sem prejuízo das acções a empreender pela NATO. A UE estará, assim, mais apta a contribuir para a paz e a segurança a nível internacional, em conformidade com os princípios da Carta das Nações Unidas. (Conselho Europeu 1999, anexo III)

Entre as "crises internacionais" a que a UE desejava, na altura, dar resposta não se contemplou um cenário marcado pelo terrorismo, uma vez que tal fenómeno não era ainda percepcionado como global e com capacidade de produzir ameaças reais a qualquer país. Por outro lado, a própria génese da PESC e, posteriormente, da PESD, esteve associada a outro tipo de preocupações securitárias que não passavam por essa ameaça, pois

---

são formal de competências entre órgãos e políticas da UE. O caso da luta contra o terrorismo é um exemplo paradigmático desta dinâmica, uma vez que, como veremos, recorreu a instrumentos e valências dos três pilares: comunitário, política externa e de segurança comum e, ainda, justiça e assuntos internos. Do ponto de vista formal, o Tratado de Lisboa termina com esta estrutura, mantendo, todavia, algumas diferenças fundamentais ao nível das competências e dos processos de tomada de decisão entre, por um lado, o domínio da política externa, de segurança e defesa, e, por outro, todos os outros. Neste sentido, desde a entrada em vigor desse Tratado, poderá ser mais rigoroso falar em "de-pillarisation" (ou, em português, "despilarização"), ilustrando o processo pelo qual determinadas matérias migram entre domínios que, antes, se encontravam rigidamente apartados. Sobre o enquadramento teórico da *cross-pillarisation*, ver STETTER 2007. Relativamente à aplicação prática desta abordagem teórica às dinâmicas de segurança europeia, ver PAULAK 2009 e RANDAZZO 2009. Um contributo teórico interessante pode igualmente ser trazido a esta abordagem pela teoria do "inter-organizacionalismo", uma ramificação da teoria institucionalista das relações internacionais. Sobre este tema, ainda que não aplicado especificamente à realidade da UE, ver BIERMANN 2009.

dimanavam, preponderantemente, do conflitos nacionalistas de base étnica e religiosa que se sucediam na região balcânica.

No contexto do pós-Guerra Fria, o Tratado de Maastricht criou uma PESC destinada a tornar mais audível e credível a voz da nova UE na cena internacional. O Tratado da União Europeia apontava para um "espírito de lealdade e solidariedade mútuas" (Art. J.1.4) activo e sem reservas, dotando a UE das valências necessárias para desempenhar um papel mais activo e coerente na arena internacional. Mais especificamente, esses objectivos passavam pela salvaguarda dos valores comuns, dos interesses fundamentais e da independência da União; o reforço da segurança da União e dos seus Estados-Membros, sob todas as formas; a manutenção da paz e o reforço da segurança internacional, de acordo com os princípios da Carta das Nações Unidas e da Acta Final de Helsínquia e com os objectivos da Carta de Paris; o fomento da cooperação internacional; o desenvolvimento e o reforço da democracia e do Estado de Direito, bem como o respeito dos direitos do Homem e das liberdades fundamentais[2].

A crise dos Balcãs e a débil prestação da UE nessa região de crise vieram ensombrar a credibilidade da recém-criada PESD, assim como as perspectivas de criação de uma dimensão de segurança e defesa, um desígnio que havia sido expressamente avançado no artigo J.4.1[3]. Contudo, paradoxalmente, essa circunstância conferiu *momentum* à Conferência Intergovernamental (CIG) que reviu o Tratado da União Europeia e teve por corolário a assinatura do Tratado de Amesterdão, documento que representou um avanço significativo do sentido da clarificação do papel de segurança da UE (FERREIRA-PEREIRA 2008, 41 e 42). Esse avanço resultou, maioritariamente, na assunção das chamadas "missões de Petersberg"[4] da União da Europa Ocidental enquanto missões-tipo da PESC.

O Tratado de Amesterdão entrou em vigor em 1999 e logo depois foi aberta uma nova CIG, com o histórico alargamento à Europa Central e de

---

[2] Artigo J.1.2, Tratado da União Europeia, redacção original adoptada no Tratado de Maastricht.

[3] Este artigo estatui que: "A política externa e de segurança comum abrange todas as questões relativas à segurança da União Europeia, incluindo a definição, a prazo, de uma política de defesa comum que poderá conduzir, no momento próprio, a uma defesa comum."

[4] As 'missões de Petersberg' são as missões humanitárias ou de evacuação dos cidadãos nacionais, as missões de manutenção da paz, e as missões de forças de combate para a gestão das crises, incluindo operações de restabelecimento da paz.

Leste no horizonte. O resultado final desta ronda de negociações foi a assinatura do Tratado de Nice, que teve um impacto reduzido no quadro da PESC. Entretanto, a meio caminho entre a entrada em vigor de Amesterdão e a abertura da nova CIG, e sob o impulso franco-britânico procedente da Cimeira de Saint-Malo, realizada em Dezembro de 1998, a PESD foi lançada no Conselho Europeu de Colónia, tendo em vista contribuir para o reforço da PESC. Esta política, ao longo da década de 1990, no que se refere ao seu mandato, manteve intactos os objectivos anteriormente citados; e, após a entrada em vigor do Tratado de Amesterdão, a identidade de segurança da UE passou a desenvolver-se em torno das missões de Petersberg. Ora, nesse âmbito, nunca a questão do terrorismo foi integrada na equação política da PESC.

Forjando o Nexo 'PESD – Luta Contra o Terrorismo': Etapas Fundamentais

O processo evolutivo que acima se descreveu teve como etapa culminante o lançamento das primeiras missões sob bandeira da UE, a partir de Janeiro de 2003. A primeira destas foi a Missão de Polícia da UE na Bósnia Herzegovina (EUPM), exemplo do comprometimento da UE com as dinâmicas de estabilização pós-conflito e de promoção do Estado de Direito. Ao contribuir de forma tangível para a estabilidade de áreas problemáticas, através do reforço das competências judiciais e normativas, a UE procura ajudar a diminuir o risco de insegurança, criando, desta forma indirecta, maiores dificuldades às actividades levadas a cabo pelas redes terroristas. Tal como antecipado no Conselho Europeu de Laeken, de Dezembro de 2001, por virtude das capacidades civis e militares desenvolvidas pela UE, a PESD viria a fortalecer-se e a contribuir, mais eficazmente, para a luta contra o terrorismo, em benefício das populações.

Os atentados de 11 de Setembro de 2001, em Nova Iorque e Washington, abalaram profundamente a psique europeia, aumentando, junto dos Estados-Membros e das instituições comunitárias, a consciencialização acerca da importância das questões atinentes à dimensão de segurança. Os ataques ocorridos no local mais improvável inauguraram uma nova era marcada pela percepção generalizada de um novo terrorismo global, capaz de deflagrar, coordenada ou isoladamente, em qualquer local do planeta. Essa fase foi seguida por um conjunto de ataques que, nos anos seguintes, se verificaram um pouco por todo o mundo, de Bali a Madrid, passando por Londres, mas com especial incidência em locais de conflito activo, tais como, o Afeganistão e, sobretudo, o Iraque.

O Conselho Europeu Extraordinário de 21 de Setembro de 2001

Como consequência directa dos atentados de Nova Iorque e Washington, a UE realizou um Conselho Europeu Extraordinário em 21 de Setembro de 2001, onde, pela primeira vez, a PESC e a PESD são referidas enquanto instrumentos de empenhamento da UE no Mundo, tendo em vista o combate ao terrorismo[5]. Nesta reunião de chefes de Estado e de Governo foi aprovado o *Plano de Acção de Combate ao Terrorismo* onde se declarou que o terrorismo era um objectivo prioritário da UE. Esse Plano fez referência a quatro grandes temáticas: i) a solidariedade e a cooperação com os Estados Unidos; ii) o empenhamento da União no Mundo; iii) as perspectivas económicas mundiais; e iv) a política europeia de luta contra o terrorismo. Esta última temática foi estruturada em torno de cinco objectivos, a saber, o reforço da cooperação policial, o desenvolvimento de instrumentos jurídicos internacionais, o fim do financiamento do terrorismo, o reforço da segurança aérea e a coordenação da acção global da UE[6].

De entre as várias medidas relativas a esses objectivos, a secção "O Empenhamento da União no Mundo" das Conclusões do Conselho afirmou que:

> É desenvolvendo a Política Externa e de Segurança Comum (PESC) e tornando operacional, o mais rapidamente possível, a Política Europeia de Segurança e Defesa (PESD) que a União se revelará mais eficaz. A luta contra o flagelo do terrorismo será tanto mais efectiva quanto tiver como base um diálogo político aprofundado com os países e as regiões do mundo onde o terrorismo se desenvolve. (Conselho Europeu 2001a)

---

[5] Nas palavras utilizadas no documento *Conclusões e Plano de Acção do Conselho Europeu Extraordinário de 21 de Setembro de 2001*, "a União Europeia intensificará o seu empenho contra o terrorismo através de uma abordagem coordenada e interdisciplinar que incorpore todas as políticas da União." (Conselho Europeu 2001a)

[6] Desde o início da definição da abordagem europeia à luta contra o terrorismo, a ideia de necessidade de coordenação entre as várias valências, políticas, instituições e órgãos da UE esteve presente. Uma descrição detalhada desta complexa realidade pode encontrar-se em CASALE 2008.

Esta mesma ideia seria reproduzida, três meses depois, na *Declaração de Laeken sobre o Futuro da Europa*, um documento aprovado no Conselho Europeu de Dezembro de 2001, que lançou o processo conducente ao Tratado Constitucional. Em virtude dos atentados de 11 de Setembro, todo o documento ficou fortemente marcado por uma atmosfera de insegurança generalizada; mas também refém da ideia de que a UE necessitava de se desenvolver e de se projectar externamente face aos crescentes riscos inerentes à globalização. Aludindo ao novo papel da Europa num mundo globalizado, a *Declaração de Laeken* refere que "o fanatismo religioso, o nacionalismo étnico, o racismo e o terrorismo estão a ganhar terreno e continuam a ser alimentados pelos conflitos regionais, pela pobreza e pelo subdesenvolvimento" (Conselho Europeu 2001b).

Juntamente com as pistas lançadas pelas Conclusões deste Conselho Europeu Extraordinário, a UE aprovou, no imediato pós-11 de Setembro, um *Roteiro Anti-Terrorista* (Conselho da União Europeia, 2001)[7], em 26 de Setembro, produzido na sequência das "Conclusões" de uma reunião extraordinária dos Ministros dos Assuntos Internos dos então 15 com o objectivo de coordenar as várias medidas anteriormente adoptadas pela UE em diversos domínios da luta contra o terrorismo.

O Conselho Europeu de Sevilha

Num clima internacional marcado pela ressonância do 11 de Setembro de 2001, o Conselho Europeu de Sevilha, que teve lugar a 21 e 22 de Junho de 2002, reafirmou que "o terrorismo constitui um verdadeiro desafio para a Europa e para o mundo", representando uma ameaça à segurança e estabilidade. Registando os avanços verificados na implementação das disposições do *Plano de Acção*, aprovado no Conselho Europeu Extraordinário acima referido, o Conselho Europeu de Sevilha incluiu no Anexo V das Conclusões da Presidência, uma *Declaração Relativa ao Contributo da PESC, Incluindo a PESD, para a Luta contra o Terrorismo*, onde se afirma que "a luta antiterrorismo continuará a ser um objectivo prioritário da União Europeia", "é um elemento-chave da sua política de relações externas" e, ainda, que:

A PESD irá ficando cada vez mais forte à medida que os Estados-Membros forem reforçando as suas capacidades, tanto militares como civis,

---

[7] Para uma análise detalhada deste roteiro, ver BUNYAN 2001.

para a gestão de crises. Para tal, o Conselho Europeu sublinha uma vez mais a importância que atribui à consecução atempada do Objectivo Global. Neste contexto, o desenvolvimento da PESD deverá ter mais inteiramente em conta as capacidades que possam revelar-se necessárias, em conformidade com as missões de Petersberg e com as disposições do Tratado, para combater o terrorismo. (Conselho Europeu 2002)

Mais concretamente, o documento avança com os seguintes seis vectores do contributo da PESC, incluindo a PESD, neste esforço de combate ao terrorismo:

- Intensificar os esforços no âmbito da prevenção dos conflitos;
- Aprofundar o diálogo político com países terceiros a fim de promover a luta contra esta ameaça, promovendo os direitos humanos, a democracia e a não proliferação de armamentos;
- Reforçar os mecanismos de intercâmbio de informações e desenvolver a apresentação de avaliação da situação e de relatórios de alerta rápido;
- Desenvolver uma avaliação comum da ameaça terrorista, quer contra os Estados-Membros, quer contra forças projectadas no exterior;
- Determinar as capacidades militares necessárias para proteger de atentados terroristas as forças deslocadas para operações de gestão de crises conduzidas em sede de PESD;
- Explorar melhor a possibilidade de utilizar capacidades militares ou civis para ajudar a proteger as populações civis dos efeitos de atentados terroristas.

Tendo sido apresentadas em 2002, essas ideias constituem, ainda hoje, a estrutura daquilo que é entendido como o possível contributo da PESD na luta contra o terrorismo. Além disso, o foco na prevenção e o papel conferido às relações com países terceiros viriam a configurar as ideias principais no que diz respeito à dimensão externa da abordagem da UE contra o terrorismo, que deveria ser o mais inclusiva possível.

No Conselho Europeu de Sevilha, quando foi feita uma referência à (então) futura Missão de Polícia na Bósnia Herzegovina, estabeleceu-se uma ligação entre os objectivos da missão e a luta contra o terrorismo, nomeadamente quando se observou que esta missão:

constitui um exemplo do empenho da União Europeia na estabilização de regiões em situação de pós-conflito e no apoio à instauração do Estado de direito. Promovendo a estabilidade mediante, *inter alia*, o reforço das capacidades, normas e padrões locais na área da aplicação da lei a nível local, a União Europeia contribui para impedir a oportunidade de implantação de organizações terroristas. (Conselho Europeu 2002)

Do ponto de vista declaratório, portanto, a estabilização pós-conflito e o reforço do Estado de Direito foram vistos como fundamentais para a implementação de uma política europeia de combate ao terrorismo eficaz. Além disso, a promoção dos direitos humanos, da democracia e da não--proliferação de armas, em sede de diálogo político com países terceiros, permite-nos inferir que todas acções desencadeadas no contexto da acção da PESD têm uma lógica securitária que, em última instância, de forma mais ou menos indirecta, aproveita aos esforços abrangentes de combate ao terrorismo.

A Estratégia Europeia de Segurança

Ainda que a necessidade de forjar um nexo entre a PESD e a luta contra o terrorismo possa ser apenas, indirectamente, inferida da EES, este é um documento fundamental para o argumento deste estudo. Redigida até ao Verão de 2003, num contexto de cisão intra-europeia acerca da intervenção no Iraque, e aprovada no Conselho Europeu de 12 Dezembro daquele ano, a EES está totalmente marcada pela ameaça terrorista. A lista de ameaças à segurança da UE foi encabeçada pelo terrorismo, sendo certo que com respeito às restantes, existem também referências ao terrorismo, conforme se pode ver nos excertos abaixo reproduzidos:

QUADRO 1 – **Lista de ameaças elencadas na EES e respectivas referências ao terrorismo**

Ameaça	Referência ao terrorismo
Proliferação das armas de destruição maciça	"O cenário mais assustador é o da aquisição de armas de destruição maciça por parte de grupos terroristas"
Conflitos regionais	"O conflito pode conduzir ao extremismo, ao terrorismo e ao fracasso dos Estados"
Fracasso dos Estados	"O colapso do Estado pode estar relacionado com ameaças óbvias, tais como a criminalidade organizada ou o terrorismo"
Criminalidade organizada	"A criminalidade organizada pode igualmente estar ligada ao terrorismo"

No documento em questão, que se tornou a matriz da doutrina estratégica europeia, a ameaça terrorista foi percepcionada como uma questão transversal a todas as principais ameaças à segurança da UE, e onde o nexo segurança-desenvolvimento foi igualmente consagrado. A importância conferida ao terrorismo adveio do facto de a Europa ser, simultaneamente, um alvo e uma base para o terrorismo, sendo que alguns países europeus haviam sido designados como alvo e sofreram atentados, ao passo que bases logísticas de células da Al Qaeda haviam sido descobertas no Reino Unido, em Itália, na Alemanha, em Espanha e na Bélgica. Nessas circunstâncias, e conforme o documento estipulou, tornava-se indispensável uma actuação concertada a nível europeu, pois, tal como foi reconhecido, a "luta contra o terrorismo pode implicar uma conjugação de meios – serviços de informações, meios policiais, judiciais, militares e outros." (Conselho Europeu, 2003).

A Declaração sobre a Luta Contra o Terrorismo

Uma das principais características do processo evolutivo da UE em termos de política externa e de segurança compagina-se com o efeito catalisador de acontecimentos exógenos. Nesse domínio, a UE foi mais reactiva do que preventiva, porquanto, determinados episódios políticos, com impacto igualmente social e económico, foram decisivos para impulsionar determinadas decisões. Mais do que não ser uma excepção, a esfera da luta da luta contra o terrorismo é um exemplo paradigmático desta lógica.

Como já foi aludido ao longo do presente estudo, os atentados de 11 de Setembro de 2001 foram importantes para alterar a percepção europeia da ameaça terrorista e, consequentemente, para tornar ineluctável a adopção de um determinado conjunto de medidas destinadas a consubstanciar uma resposta eficaz ao fenómeno. Pelo facto de terem ocorrido em solo europeu, os ataques de 11 de Março de 2004, em Madrid, foram ainda mais estruturantes, sendo que a concretização desta série de atentados causando perto de duas centenas de vítimas mortais intensificou a percepção da ameaça.

Por conseguinte, duas semanas após os atentados, o Conselho Europeu aprovou a *Declaração sobre a Luta contra o Terrorismo* de 25 de Março de 2004, um documento ambicioso de 18 páginas que procurou tanto reforçar a coordenação entre as várias políticas, instituições, órgãos e outros agentes, como instilar força política a esse tema de forma a destacá-lo na hierarquia das prioridades de Bruxelas. De entre muitas medidas importantes, merecem especial destaque a criação do cargo de Coordenador Europeu de Luta Antiterrorista, o estabelecimento de uma cláusula de solidariedade, em caso de ataque terrorista, e a definição, em anexo ao documento, do *Plano de Acção Revisto*[8], onde se definem os *Objectivos Estratégicos da União Europeia em Matéria de Luta contra o Terrorismo*[9]. Com o pacote de medidas avançado por este documento procurou-se colmatar algumas lacunas identificadas mediante o exame dos esforços levados a cabo em matéria de luta antiterrorista desde 2004. Tal identificação foi feita, designadamente, pela Comissão Europeia no quadro de quatro memorandos elaborados no dia 12 de Março de 2004 (um dia após os atentados de Madrid).

O contributo da PESD tem, no entanto, pouco destaque no novo documento enquadrador da actuação da UE nessa esfera, sobretudo se comparado com outras áreas de intervenção, como por exemplo, a cooperação policial e de serviços de informação ou o patrulhamento de fronteiras. Ainda assim no documento refere-se que:

> o Conselho Europeu apela ao rápido prosseguimento dos trabalhos no sentido de desenvolver o contributo da PESD para o combate ao terrorismo com base nas acções levadas a efeito desde o Conselho Europeu de Sevilha. (Conselho Europeu, 2004)

Como veremos no ponto seguinte, esse repto foi traduzido na elaboração de um documento que, pelo menos no plano dos princípios, deveria incorporar a actuação da PESD no domínio da luta contra o terrorismo. Por outro lado, de entre os sete Objectivos Estratégicos da UE nesse âmbito,

---

[8] O documento sobre o qual incide desta revisão é o *Plano de Acção* aprovado no Conselho Europeu Extraordinário de 21 de Setembro de 2001.

[9] Os *Objectivos Estratégicos* são os seguintes: 1. Aprofundar o consenso internacional e intensificar os esforços internacionais de luta contra o terrorismo; 2. Reduzir o acesso dos terroristas a recursos financeiros e outros recursos económicos; 3. Optimizar a capacidade dos organismos da UE e dos Estados-Membros para detectar, investigar e perseguir terroristas e prevenir atentados terroristas; 4. Proteger a segurança dos transportes internacionais e assegurar a existência de sistemas eficazes de controlo das fronteiras; 5. Reforçar a capacidade da União Europeia e dos Estados-Membros para fazer face às consequências de um atentado terrorista; 6. Enfrentar os factores que contribuem para o apoio ao terrorismo e o recrutamento para o mesmo; 7. Direccionar acções no âmbito das relações externas da UE para países terceiros prioritários nos quais exista a necessidade de reforçar a capacidade de luta antiterrorista ou o empenhamento no combate ao terrorismo.

apenas o sétimo encerrava uma clara dimensão externa, uma vez que aludia à necessidade de direccionar certas acções no contexto das relações externas da UE para países terceiros prioritários, nos quais existisse a necessidade de reforçar a capacidade de luta antiterrorista ou o empenhamento no combate ao terrorismo.

O Quadro Conceptual da Dimensão PESD da Luta contra o Terrorismo

Conforme foi referido em linhas anteriores, o Conselho Europeu exortou o Conselho a desenvolver um quadro conceptual no qual o papel da PESD na luta contra o terrorismo deveria ficar claramente plasmado. Consequentemente, o nexo entre estes dois domínios foi assumido como prioritário e, num documento aprovado pelo Conselho em 22 de Novembro de 2004[10], os vectores de tal contributo foram definidos em torno das seguintes ideias:

- Solidariedade entre os Estados-Membros;
- Natureza voluntária dos contributos nacionais;
- Claro entendimento da ameaça terrorista e pleno uso dos procedimentos de análise de ameaça;
- Coordenação transversal (*cross-pillar*) na luta antiterrorista;
- Cooperação com parceiros relevantes;
- Natureza complementar do contributo da PESD.

Ademais, em termos de tempo de actuação relativo a um ataque, a intervenção poderia dar-se a quatro níveis: prevenção, protecção, resposta/gestão das consequências e apoio a países terceiros.

Considerando o plano da *prevenção*, no contexto de uma operação PESD, os Estados-Membros devem garantir que toda a informação disponível é facultada; e cenários como operações de controlo aéreo ou marítimo devem ser considerados. No caso de uma ameaça terrorista, a *protecção* deve ter em vista minimizar as vulnerabilidades dos contingentes envolvidos na missão, bem como os bens materiais que a compõem, e, em certos casos, determinados alvos civis (incluindo infra-estruturas) na área das operações. No tocante à *resposta/gestão das consequências*, ficou estabelecido que uma força da UE deve estar preparada para, com meios

---

[10] 2621.ª Sessão do Conselho Assuntos Gerais e Relações Externas, Assuntos Gerais, C/04/324.

civis e militares, prestar auxílio em cenários de crise. Sobre o *apoio a países terceiros*, conforme a EES já havia contemplado, uma futura expansão das missões-tipo da UE poderá incluir missões de apoio a países terceiros para o combate ao terrorismo. Além disso, a protecção dos contingentes envolvidos nas missões deverá merecer especial atenção no quadro das relações entre a UE e o país que acolhe a missão.

O documento em apreço sublinhou, igualmente, a importância da interoperabilidade entre as capacidades civis e militares, assim como da cooperação com a NATO.

A Estratégia de Contra-Terrorismo da União Europeia

Em 7 de Julho de 2005, uma série de atentados terroristas em Londres provocaram perto de seis dezenas de mortos e provaram, novamente, as vulnerabilidades securitárias da UE. À imagem do sucedido, em Madrid, um ano antes, os atentados foram conduzidos a partir do interior do país visado. Porventura em virtude disso mesmo, a generalidade das consequências ao nível das políticas da UE em contra-terrorismo fez-se sentir no plano interno.

Assim, a *Estratégia de Contra-Terrorismo da União Europeia*, de 30 de Novembro de 2005, pese embora tenha surgido após a apresentação do *Quadro Conceptual do Contributo da PESD na Luta Contra o Terrorismo*, centrou-se com muito maior preponderância na componente interna, do que na vertente externa, não tendo introduzido novidades conceptuais relevantes quanto ao nexo 'PESD – luta contra o terrorismo'. De facto, nenhum dos quatro vectores de acção avançados nesta Estratégia, a saber, Prevenir, Proteger, Perseguir e Responder, incidiu na dimensão PESD desse combate[11]. Para este estudo, portanto, a importância deste documento é muito limitada. Ainda assim, a ausência da dimensão PESD nesse documento não deixa de ser sintomática da reduzida importância efectiva desta política enquanto ferramenta da luta contra o terrorismo.

---

11 Estes quatro pilares ficaram subordinados ao compromisso estratégico de "combater o terrorismo em todo o mundo, no pleno respeito pelos direitos humanos, e tornar a Europa mais segura, para que os seus cidadãos possam viver num espaço de liberdade, segurança e justiça." (p. 4 do documento).

O Relatório sobre a Execução da Estratégia Europeia de Segurança – Garantir a Segurança num Mundo em Mudança

Cinco anos após a aprovação da EES, a UE produziu um relatório sobre a sua execução, onde se procurou avaliar os resultados obtidos e perspectivar algumas alterações susceptíveis de contribuir para a melhoria dos níveis de eficácia da EES. Desde o estabelecimento da EES, dois atentados haviam ocorrido em território da UE, o que compeliu esta última a actuar e a desenvolver a sua própria política de combate ao terrorismo. Para este capítulo, no entanto, torna-se de interesse maior confirmar o lugar superior que o terrorismo veio ocupar nesse documento e, talvez ainda mais importante do que isso, apurar de que forma a aproximação entre a PESD e a luta contra o terrorismo, verificada em anos transactos, encontrou eco no novo relatório.

No *Relatório sobre a Implementação da Estratégia Europeia de Segurança* de 21 de Dezembro de 2008, o terrorismo figurou de novo entre as maiores ameaças à segurança da UE. Nas palavras deste documento, o terrorismo, tanto na Europa como fora do seu território, "permanece como ameaça maior à nossa existência", sendo necessário reforçar os laços de cooperação entre todos os actores intervenientes no processo de combate ao terrorismo, à radicalização e ao recrutamento de novos elementos. Ainda que saliente o papel do Coordenador Europeu da Luta Antiterrorista e os sucessos obtidos em contrariar tentativas mal sucedidas de ataques em solo europeu, esse documento chamou a atenção para a necessidade de obter melhores resultados em matéria de financiamento de redes terroristas e partilha de informações.

Contudo, à semelhança do sucedido com a *Estratégia Europeia de Contra-Terrorismo*, o papel específico da PESD não recebeu qualquer menção, apesar de o documento ter sido precedido pelas diferentes declarações a que temos vindo a aludir até a este ponto; e de convocar, várias vezes, aquela política comum ao longo do texto. Muito embora a referência à cooperação inter-políticas e instituições seja importante, a não inclusão da conexão 'PESD – luta contra o terrorismo' reveste-se de significado, na exacta medida em que revela a existência de contradições entre os sucessivos textos matriciais da UE que abordam este tema.

O Tratado de Lisboa

Aquando da *Declaração de Laeken sobre o Futuro da Europa*, a UE reconheceu que necessitava de aprofundar a cooperação nos domínios da política externa e de segurança, de modo a preparar-se mais adequadamente para os desafios da globalização. Juntamente com o propósito de se reformatar, no plano institucional, para acolher harmoniosamente os novos Estados-Membros, esse desígnio esteve na origem do lançamento do projecto constitucional que, após vários anos e inúmeras peripécias, culminou na entrada em vigor do Tratado de Lisboa, em 1 de Dezembro de 2009. É justamente nos domínios da política externa e de segurança e defesa que o Tratado de Lisboa retomou, mais fielmente, o conteúdo do Tratado Constitucional. Ao ser herdeiro da ambição aventada em Laeken, o novo Tratado, apesar de todas as vicissitudes, dotou a UE de novos instrumentos na área da PCSD. Para o caso vertente, o Tratado de Lisboa trouxe consigo um conjunto de inovações importantes que podem ficar associadas, por um lado aos princípios e ao racional que presidiu a essas alterações e, por outro lado, a disposições específicas que serão neste ponto explicitadas.

No que concerne aos princípios e ao racional subjacente às alterações introduzidas no novo Tratado, de entre as inovações mais relevantes encontram-se a procura de maior coerência na acção externa através da criação do cargo de Presidente do Conselho Europeu e da clarificação e reforço da competência do Alto-Representante para a Política Externa e de Segurança, que é simultaneamente Vice-Presidente da Comissão Europeia. Importante para o aumento da eficácia do combate ao terrorismo é também a agilização dos processos legislativos e de decisão na área de Justiça e Assuntos e Internos (âmbito onde a questão do terrorismo é, por norma, colocada), sobre o qual o Tribunal de Justiça terá, doravante, competências; e ainda a aquisição de personalidade jurídica por parte da UE, o que lhe permitirá ser signatária de convenções internacionais e pleno sujeito internacional (ainda que peculiar)[12]. No tocante a disposições específicas, deverão ser aqui convocadas a nova redacção do artigo relativo às missões de Petersberg (Art. 43 TUE) e a criação de uma cláusula de solidariedade (Art. 222 TFUE).

---

[12] Sobre a importância da jurisprudência do Tribunal de Justiça enquanto modeladora da ordem jurídica comunitária, ver MARTINS 2009.

Nos termos do artigo 43 TUE, as missões-tipo da UE, onde poderão ser empenhados meios civis e militares, são as acções conjuntas em matéria de desarmamento, as missões humanitárias e de evacuação, as missões de aconselhamento e assistência em matéria militar, as missões de prevenção de conflitos e de manutenção da paz, as missões de forças de combate para a gestão de crises, incluindo as missões de restabelecimento da paz e as operações de estabilização no termo dos conflitos. A maior inovação, porém, prende-se com a disposição do parágrafo seguinte onde se estatui que: "Todas estas missões podem contribuir para a luta contra o terrorismo, inclusive mediante o apoio prestado a países terceiros para combater o terrorismo no respectivo território." Para os objectivos do presente estudo, essa modificação é vital porque assinalou, de forma taxativa e inequívoca, o nexo entre a PCSD e o combate ao terrorismo, culminado um processo de evolução conceptual iniciado em Setembro de 2001, que foi sendo apurado durante quase uma década.

Ao mesmo tempo, por outro lado, essa redacção deixa depreender o reconhecimento da multidimensionalidade do terrorismo e, subsequentemente, o entendimento de que este configura uma ameaça que deverá ser tida em conta em todas as eventuais operações da UE. Por conseguinte, será, justamente, por esse motivo que esta ameaça não se perfila como um cenário que *per se*, directa e exclusivamente, justifique uma missão da PCSD.

Por seu turno, a cláusula de solidariedade, importada sucessivamente desde o Projecto de Tratado Constitucional e reafirmada no pós-11 de Março de 2004, reforça os laços securitários entre os Estados-Membros da UE, ao dispor que no seu artigo 222 TFUE que:

> A União e os seus Estados-Membros actuarão em conjunto, num espírito de solidariedade, se um Estado-Membro for alvo de um ataque terrorista ou vítima de uma catástrofe natural ou de origem humana. A União mobiliza todos os instrumentos ao seu dispor, incluindo os meios militares disponibilizados pelos Estados-Membros, para:
> a) – Prevenir a ameaça terrorista no território dos Estados-Membros:
>   – Proteger as instituições democráticas e a população civil de um eventual ataque terrorista,
>   – Prestar assistência a um Estado-Membro no seu território, a pedido das suas autoridades políticas, em caso de ataque terrorista;
> b) Prestar assistência a um Estado-Membro no seu território, a pedido das suas autoridades políticas, em caso de catástrofe natural ou de origem humana. (Tratado sobre o Funcionamento da União Europeia, art. 222, n. 1)

Igualmente importante, o número dois deste artigo estipula que, se um Estado-Membro for alvo de um ataque terrorista ou vítima de uma catástrofe natural ou de origem humana, os outros Estados-Membros providenciarão assistência a pedido das autoridades políticas do Estado-Membro afectado. Como se constata da leitura do artigo, a UE faz da ocorrência de um ataque terrorista a condição para activar um dispositivo que representa, possivelmente, o maior grau de cooperação política alguma vez atingido em seis décadas de integração europeia. A ameaça terrorista actuou, portanto, como um catalisador da integração europeia, levando-a os decisores políticos europeus a contemplar níveis de cooperação dificilmente concebíveis há menos de duas décadas atrás.

Importará referir que essa cláusula de solidariedade (em caso de ataque terrorista) já se encontrava em vigor desde a *Declaração sobre a Luta contra o Terrorismo*. Na verdade, tal disposição já constava do Artigo I – 43.º do Tratado Constitucional da UE[13], e por força dos acontecimentos ocorridos em Madrid, foi aprovada e entrou em vigor imediatamente sem se aguardar pela ratificação do Tratado Constitucional.

As Operações Conduzidas sob a PESD e a Agenda Anti-terrorista da UE: Dicotomia Discurso – Praxis

No espírito do Tratado de Lisboa, as finalidades da PESC, originalmente codificadas em Maastricht, devem ser prosseguidas no quadro de uma política comum de segurança e defesa. Aquilo que viria a dar origem à PESD ficou concebido na Cimeira de Saint Malo que lançou as bases para um entendimento relativo à criação de um pilar de segurança e defesa autónomo no seio da UE. Este último deveria ir ao encontro das ambições dos líderes europeus, sem, contudo, alienar certas posições estratégicas excepcionais como eram aquelas assumidas pelos Estados militarmente não-aliados (FERREIRA-PEREIRA 2005 e 2007).

O período de conceptualização da PESD deu-se entre o Conselho Europeu de Colónia, em Junho de 1999, e o Conselho Europeu de Laeken, de Dezembro de 2001, onde esse novo instrumento de actuação externa da UE foi declarado operacional. Tal como foi antecipado na introdução deste capítulo, desde 2003, a UE lançou um conjunto bastante heterogéneo de

---

[13] O texto aprovado pelo Tratado de Lisboa reproduz integralmente o estipulado pelo art. I-43, n. 1 do Tratado Constitucional.

missões em termos geográficos, da sua natureza e do teor dos respectivos mandatos, conforme fica patente no Quadro 2 abaixo apresentado.

QUADRO 2 – **Missões de PESD/PCSD lançadas entre Janeiro de 2003 e Julho de 2010, organizadas cronologicamente e catalogadas quanto à sua natureza e mandato**[14]

Missão	Local	Início (ano)	Natureza	Mandato	Fim (ano)
EUPM Bosnia	Bósnia-Herzegovina	2003	Civil	Formação e Inspecção das forças policiais	2009
Concordia	Macedónia	2003	Militar	Estabilização do ambiente de segurança	2003
ARTEMIS	RD Congo	2003	Militar	Estabilização do ambiente de segurança e melhoramento da situação humanitária	2003
EUPOL Proxima	Macedónia	2003	Civil	Auxílio à consolidação do Estado de Direito e combate ao crime organizado	2005
Eujust Themis	Geórgia	2004	Civil	Auxílio à consolidação do Estado de Direito e reforma do sector da justiça	2005
EUFOR Althea	Bósnia-Herzegovina	2004	Militar	Estabilidade e segurança da Bósnia Herzegovina	No terreno
EUPOL Kinshasa	RD Congo	2005	Civil	Monitorizar e auxiliar a Unidade Integrada de Polícia	2007
Eujust LEX Iraq	Iraque	2005	Civil	Auxílio à implementação do Estado de Direito e promoção dos direitos humanos	No terreno
EUSEC RD Congo	RD Congo	2005	Civil – ainda que dando formação militar	Reforma do sector de segurança	No terreno
Support to AMIS/AMISOM	Sudão/Somália	2005	Civil – Militar	Assistência às missões AMIS e AMISOM, da União Africana	2007
AMM Aceh	Indonésia	2005	Civil	Monitorização da desmilitarização do GAM e da reforma legislativa	2006
EUBAM Rafah	Territórios Palestinianos/ Egipto	2005	Civil	Monitorização de fronteiras	No terreno
EUBAM	Ucrânia/ Moldávia	2005	Civil	Monitorização de fronteiras	No terreno
EUPOL COOPS	Territórios Palestinianos	2006	Civil	Organização das forças policiais	No terreno
EUPAT	Macedónia	2005	Civil	Monitorização de fronteiras e da paz pública	2006
EUFOR RD Congo	RD Congo	2006	Militar	Apoio à missão MONUC da ONU durante o período de eleições	2006

[14] Fonte: GREVI et al 2009 e Conselho da União Europeia [http://www.consilium.europa.eu/showPage.aspx?id=261&lang=en]

EUPOL RD Congo	RD Congo	2007	Civil	Organização das forças policiais	2010
EUPOL Afghanistan	Afeganistão	2007	Civil	Organização das forças policiais	No terreno
EUFOR TCHAD/RCA	Chade e República Centro-Africana	2008	Militar	Protecção da população civil, dos elementos da ONU e da distribuição de ajuda humanitária	2009
EU SSR	Guiné Bissau	2008	Civil	Reforma do Sector de Segurança	No terreno
EULEX	Kosovo	2008	Civil	Auxílio à implementação do Estado de direito	No terreno
EUMM	Geórgia	2008	Civil	Monitorização do comportamento de todos os intervenientes	No terreno
EU NAVFOR	Somália	2008	Civil – Militar	Combate à pirataria	No terreno
EU TM	Somália	2010	Militar	Auxílio à formação das forças de segurança	No terreno

Não obstante tamanha flexibilidade e capacidade de resposta a pedidos tão díspares, verifica-se uma ausência quase total de referências à luta contra o terrorismo nos mandatos das mais de 20 missões já realizadas. Com efeito, uma leitura atenta do conteúdo das Acções-Comuns que estão na base formal do seu lançamento no terreno, definindo o respectivo alcance e objectivos, permite detectar apenas uma menção explícita à luta contra o terrorismo, apesar de todo o apuramento conceptual realizado desde 2001, que colocou o combate ao terrorismo também sob alçada da PESD. A única excepção à regra que é possível identificar até à data compagina-se com a operação Althea, lançada na Bósnia em 2004, ainda em curso. De entre as funções conferidas pelo seu mandato[15], encontravam-se a protecção contra ataques terroristas, o apoio a instituições da sociedade civil, tendo em vista a luta contra o terrorismo e a manutenção da segurança "contra qualquer potencial organização terrorista"[16]. Mas mesmo esta excepção confirma as premissas aventadas mais adiante: tratou-se de uma operação que veio substituir a missão *Stabilization Force* (SFOR) da NATO, tendo assumido grande parte do seu mandato. Ademais, as menções ao terrorismo são articuladas numa perspectiva, sobretudo, defensiva, e não se encontram ao serviço de uma estratégia de combate efectivo a esta ameaça.

---

[15] Ver Acção Comum 2004/570/PESC.

[16] Ver o Documento do Conselho Concept for the European Union (EU) Military Operation in Bosnia and Herzegovina (BiH) – Operation ALTHEA, 12576/04, de 29 de Setembro de 2004.
[http://register.consilium.europa.eu/pdf/en/04/st12/st12576.en04.pdf]

A ausência quase total de objectivos de contra-terrorismo nas missões PESD pode justificar-se, em parte, por muitas das missões terem sido lançadas ou terem decorrido antes de o nexo estar, teoricamente, estabelecido. Mas, a manutenção desta tendência, mesmo após a aprovação de alguns documentos que referiam expressamente a alegada mais-valia que a PESD poderia trazer no desempenho de algumas tarefas específicas (tais como, as avançadas pelo *Quadro Conceptual da Contribuição da PESD para a Luta contra o Terrorismo*), aponta para razões de natureza mais complexa.

Poderá questionar-se o desencontro entre os preceitos declarados e a falta de concretização dos mesmos preceitos na prática, sendo certo que estes são acordados por unanimidade entre todos os Estados-Membros e, reiteradamente, invocados por força da importância da ameaça em causa e da necessidade de usar todos os meios à disposição da UE para a debelar. O paradoxo adensa-se se se atender ao facto de algumas destas missões decorrerem em teatros de operações onde o terrorismo esteve ou está plenamente activo, tais como os Balcãs, o Médio Oriente, o Afeganistão, o Iraque, a Indonésia e a Somália.

Considerações Finais

Um exame dos principais marcos político-legais que assinalaram a construção de uma abordagem abrangente da UE à luta contra o terrorismo demonstra que, no pós-11 de Setembro, a PESD foi chamada a contribuir para o combate a essa ameaça, numa decisão, largamente reproduzida, visando o uso de todos os recursos da UE para esse fim. Entre avanços e recuos, o nexo entre essas duas dimensões está hoje plenamente consagrado do ponto de vista conceptual, encontrando respaldo no Tratado de Lisboa, onde as missões de Petersberg foram concatenadas, de forma explícita, com a luta contra o terrorismo.

Esse inédito movimento de aproximação entre duas dimensões que, inicialmente, se encontravam afastadas, reflecte uma tendência no âmbito das dinâmicas de segurança da UE em que diversas valências e áreas da sua actuação são colocadas ao serviço de uma maior eficácia ao nível da segurança, passando por cima de alguma rigidez conferida, tanto pelo funcionamento de algumas instituições, como pelo próprio sistema de pilares introduzido no Tratado de Maastricht. Esse crescente nexo foi igualmente impulsionado por um conjunto de acontecimentos (com destaque para os atentados terroristas de 11 de Setembro de 2001, em Nova Iorque, mas, especialmente, para os atentados de 11 de Março de 2004, em Madrid, e de 7 de Julho de 2005, em Londres) que, desde 2001, contribuíram para que o terrorismo viesse a ocupar o topo das preocupações securitárias da UE, pelo menos no plano do discurso oficial.

No entanto, uma análise das mais de duas dezenas de missões levadas a cabo sob a jurisdição da PESD demonstra uma ausência de objectivos relacionados directamente com a luta contra o terrorismo. Por muito flexíveis e divergentes que tenham sido estas missões, nem por isso cobriram aspectos relacionados, directa e exclusivamente, com a luta contra o terrorismo. À luz do caminho percorrido desde 2001, em termos de apuramento conceptual, esta ausência causa estranheza, sobretudo porque configura uma contradição entre aquilo que é declarado no plano dos princípios e a realidade da sua implementação.

Pese embora várias razões possam ser avançadas para explicar essa constatação, tendemos a argumentar neste ponto concludente que, na sua essência, tal fica a dever-se a duas ordens de razão. Em primeiro lugar, à falta de capacidade política da UE. Em segundo lugar, à falta de consenso político, tanto no seio da UE, como entre os próprios Estados-Membros em questões relacionadas com a luta contra o terrorismo. Se a primeira destas insuficiências é, possivelmente, suprível por virtude de algumas das disposições inovadoras introduzidas pelo Tratado de Lisboa, atrás descritas, não há razões evidentes para legitimar uma expectativa quanto à evolução positiva da segunda. Diferentes percepções quanto à natureza da ameaça, a sensibilidade peculiar que a mesma suscita junto dos 27 Estados-Membros e o tipo de fenómeno *per se* (leia-se 'terrorismo transnacional) contribuem para que a luta contra o terrorismo continue a ser uma questão abordada, em grande medida, a nível nacional ou bilateral.

Para além desses factores, *practitioners* e académicos de diversas formações divergem acerca da adequabilidade da PESD para lidar com o terrorismo. Vozes há que defendem que a sua natureza híbrida (entre civil e militar) constitui uma mais-valia para abordar uma ameaça assimétrica como o terrorismo, baseando a sua posição num largo conjunto de declarações políticas e documentos da UE. Com efeito, e conforme foi acima aflorado, esta ligação entre PESD e luta contra o terrorismo tem vindo a firmar-se desde 2001 e a ser proclamada em várias comunicações apresentadas pelo Coordenador Europeu de Luta Antiterrorista.

Por outro lado, há quem defenda que o grande valor acrescentado gerado pela PESD não está relacionado com a luta contra o terrorismo ou com qualquer outra questão de *hard power*. Estas áreas deveriam ficar sob tutela da NATO, de modo a evitar duplicações de meios e capacidades. A ausência de objectivos específicos atinentes ao contra-terrorismo nas missões conduzidas sob a PESD, verificada mesmo considerando a sua flexibilidade, permite corroborar este argumento. Mais do que a 'clássica' dicotomia entre discurso e *praxis*, essa visão revela uma verdadeira inadequação de uma política declarada quando confrontada com a realidade política e securitária da UE.

Em qualquer um dos casos, e independentemente da posição adoptada, os factos não se alteram: até hoje, a PESD não tem sido parte constitutiva da implementação de uma estratégia (europeia) inclusiva de combate ao terrorismo. A dimensão externa deste esforço tem sido levada a cabo por recurso a instrumentos de cooperação com terceiros Estados, nos quais existe uma cláusula de cooperação no plano da luta contra o terrorismo, mediante o recurso ao instrumento de estabilização, mas não por via directa da PESD. Por outro lado, é digno de nota que, em resultado do nexo que se foi forjando entre a PESD e a estratégia europeia de combate ao terrorismo, a acção da UE neste domínio específico adquiriu uma genuína natureza multidimensional reflectida no envolvimento/articulação das componentes interna e externa[17].

O Tratado de Lisboa parece abrir novas avenidas que, uma vez desbravadas, poderão permitir a inversão do actual estado de coisas. Dito isto, como é sabido, apenas a vontade política dos líderes europeus permitirá uma alteração ao *status quo* no sentido de a PESD ser efectivamente integrada numa estratégia europeia de combate ao terrorismo.

BIBLIOGRAFIA

ALEXANDER, Yonah. 2006. "Responses to Terrorism: Some Political and Legal Perspectives". In Daniel S. Hamilton ed, *International Relations and Terrorism*. Lisboa e Washington DC: Fundação Calouste Gulbenkian e Center for Transatlantic Relations: 181-188.
ARCHICK, Kristin e Paul GALLIS. 2003. *Europe and Counterterrorism*. Nova Iorque: Nova Science Publishers.
BERENSKOETTER, Felix. 2008. "Under Construction: ESDP and the 'Fight against Organized Crime'". *Journal of Intervention and Statebuilding* 2 (2): 175-200.
BEYER, Cornelia e Michael BAUER, ed. 2009. Effectively Countering Terrorism: The Challenges of Prevention, Preparedness and Response. Brighton e Portland: Sussex Academic Press.

---

[17] Precisamente neste sentido, ver SOSSAI 2007, 160.

BIERMANN, Rafael. 2009. "Inter-organizationalism in Theory and Practice". *Studia Diplomatica* LXII (3): 7-13.
BRADY, Hugo. 2009. *Intelligence, emergencies and foreign policy: The EU's role in counter-terrorism*. Londres: Centre for European Reform.
BRANDÃO, Ana Paula, coord. 2010. *A União Europeia e o Terrorismo Transnacional*. Coimbra: Almedina.
BUNYAN, Tony. 2001. "EU anti-terrorism action plan: 'Operational measures'". *Statewatch post 11.9.01 analysis* 7. [http://www.statewatch.org/analyses/no-7-anal7.pdf]
CASALE, Davide. 2008. "EU Institutional and Legal Counter-terrorism Framework". *Defence Against Terrorism Review* 1 (1): 49-78.
Conselho da União Europeia. 2005. *Estratégia de contra-terrorismo da União Europeia*. 14469/4/05. 30 de Novembro.
Conselho da União Europeia. 2004. *Quadro Conceptual da Contribuição da PESD para a Luta contra o Terrorismo*. Conselho Assuntos Gerais e Relações Externas, Assuntos Gerais, C/04/324. 22 de Novembro.
Conselho da União Europeia. 2001. *Anti-terrorism roadmap*. SN 4019/01, 26 de Setembro.
Conselho Europeu. 2008. Relatório sobre a Execução da Estratégia Europeia de Segurança – Garantir a Segurança num Mundo em Mudança. S407/08. 11 de Dezembro de 2008.
Conselho Europeu. 2004. *Declaração sobre o Combate ao Terrorismo*. Conselho Europeu. 9048/04. 25 de Março.
Conselho Europeu. 2003. *Uma Europa Segura num Mundo Melhor – Estratégia Europeia de Segurança*. Conselho Europeu de Bruxelas. 5381/04. 12 de Dezembro.
Conselho Europeu. 2002. *Conclusões da Presidência*. Conselho Europeu de Sevilha. 13463/02. 21 e 22 de Junho.
Conselho Europeu. 2001a. *Conclusões do Conselho Europeu Extraordinário*. 140/01. 21 de Setembro.
Conselho Europeu. 2001b. *Conclusões da Presidência*. Conselho Europeu de Laeken. 00300/1/01. 14 e 15 de Dezembro.
Conselho Europeu. 1999. *Conclusões da Presidência*. Conselho Europeu de Colónia. 150/99 REV1. 3 e 4 de Junho.
COOLSAET, Rik, ed. 2008. *Jihadi Terrorism and the Radicalisation Challenge in Europe*. Aldershot: Ashgate
DELPECH, Therese. 2002. *International terrorism and Europe*. Chaillot Paper 56. Paris: Instituto de Estudos de Segurança da União Europeia.
DEN BOER, Monica. 2003. "The EU Counter-Terrorism Wave: Window of Opportunity and Profound Policy Transformation?". In *Confronting Terrorism: European Experiences, Threat Perceptions and Policies*, ed. M. v. LEEUWVEN. The Hague, Boston: Kluwer Law International.
EDER, Franz e Martin SENN, eds. 2009. *Europe and Transnational Terrorism: Assessing Threats and Countermeasures*. Baden Baden: Nomos.
FERREIRA-PEREIRA, Laura C. 2008. "The Common Foreign and Security Policy of the European Union: The Anatomy of a Novel Process". *Cena Internacional* 10 (2): 37-54.
____. 2007. *Os Estados Militarmente Não-Aliados na Nova Arquitectura de Segurança Europeia*. Lisboa: Fundação Calouste Gulbenkian.
____. 2005. "The Militarily Non-Allied States in the Foreign and Security Policy of the

European Union: Solidarity 'Ma Non Troppo'". *Journal of Contemporary European Studies – Special Issue: Security Policy in the Post-Communist Era* 13 (1): 21-37.

FRIEDRICHS, Jörg. 2008. Fighting Terrorism and Drugs: Europe and International Police Cooperation. Londres e Nova Iorque: Routledge.

GREVI, Giovanni et al, eds. 2009. *European Security and Defence Policy: The first 10 Years (1999-2009)*. Paris: Instituto de Estudos de Segurança da União Europeia.

GRUSZCZAK, A. 2008. "Networked Security Governance: Reflections on the E.U.'s Counterterrorism Approach". *Journal of Global Change and Governance* 1 (3): 1-23.

KEHOANE, Daniel. 2008. "The Absent Friend: EU Foreign Policy and Counter-Terrorism". *Journal of Common Market Studies* 46 (1): 125-146.

KERCHOVE, Gilles de e Ran van Reedt DORTLAND. 2008. "The EU Response to Radicalisation and Recruitment to Terrorism". In *Jihadi Terrorism and the Radicalisation Challenge in Europe*, ed. Rik Coolsaet. Aldershot: Ashgate: 147-154.

MAHNCKE, Dieter e Jorg MONAR eds. 2006. *International Terrorism. A European Response to a Global Threat?*. Bruxelas: P.I.E. Peter Lang.

MARTINS, Bruno Oliveira. 2009. *Segurança e Defesa na Narrativa Constitucional Europeia, 1950-2008*. Cascais: Principia.

MONAR, Jörg. 2007. "Common Threat and Common Responses? The European Union's Counter-terrorism Strategy and its Problems". *Government and Opposition* 42 (3): 292-313.

PAULAK, Patrik. 2009. "The External Dimension of the Area of Freedom, Security and Justice: Hijacker or Hostage of Cross-pillarization?". *Revue d'Integration Européenne/ Journal of European Integration* 31 (1): 25-44.

RANDAZZO, Vincenzo. 2009. "EU Security Policies and the Pillar Structure: A Legal Analysis". *Perspectives on European Politics and Society* 10 (4): 506-522.

SEABRA, Pedro e Diogo NOIVO. 2010. "Combate ao Terrorismo na União Europeia: Construção de uma Abordagem Comum". *Segurança & Defesa* 14: 36-47.

SPENCE, David, ed. 2007. *The European Union and Terrorism*. Londres: John Harper Publishing.

SOSSAI, Mirko. 2007. "ESDP Dimension of the Fight Against Terrorism". In *European Security Law*, ed. Martin Trybus e Nigel White. Oxford: Oxford University Press: 157-173

STETTER, Stephan. 2007. *E.U. Foreign and Interior Policies. Cross-pillar Politics and the Social Construction of Sovereignty*. Londres e Nova Iorque: Routledge.

VRIES, Gijs de. 2008. "The Nexus Between EU Crisis Management And Fight Against Terrorism". In *The European Union and Crisis Management*, ed. S. BLOCKMANS. Haia: T.M.C. ASSER PRESS. 355-372.

A ABORDAGEM EUROPEIA DO TERRORISMO NO TRATADO DE LISBOA E O CASO DE PORTUGAL

Bruno Oliveira Martins

Durante o processo que conduziu à aprovação do Tratado de Lisboa, os líderes europeus reconheceram que o mundo pós-11 de Setembro requeria "mais Europa nos assuntos externos, da segurança e da defesa, por outras palavras, uma acção reforçada e mais bem coordenada na luta contra os focos de crise"[1]. Ao culminar um percurso que teve etapas como a Convenção Europeia e o Tratado Constitucional, a recente entrada em vigor deste Tratado dota a União Europeia de um conjunto de valências que lhe permite, em última instância, estar mais bem apetrechada para lidar com as ameaças que enfrenta.

Da lista de ameaças elencada pelo Relatório sobre a Execução da Estratégia Europeia de Segurança – terrorismo e criminalidade organizada, segurança energética e alterações climáticas[2] – usar-se-á o terrorismo como estudo de caso, devido ao seu impacto nas dinâmicas da UE e dos respectivos Estados-Membros, e à sua relevância prática: enquanto ameaça assimétrica, o seu combate requer a utilização combinada de instrumentos dos três pilares de Maastricht e, ainda, a contribuição dos Estados-Membros. Este tema é, por fim, uma das mais relevantes manifestações do esboroamento das fronteiras entre, por um lado, segurança interna e segurança externa, e, por outro, da dicotomia ameaça nacional *vs* internacional, em que só o uso combinado das diversas valências civis e militares permite uma contra-actuação eficaz. A complexidade desta realidade, conjugada com a nova cláusula de solidariedade em caso de ataque terrorista, torna imperativo aprofundar este debate em Portugal.

---

[1] Conselho Europeu 2001.
[2] Conselho Europeu 2008.

Neste contexto, são objectivos deste estudo compreender e analisar a abordagem da UE à luta contra o terrorismo, perspectivar a implementação das inovações introduzidas pelo Tratado de Lisboa nesta matéria e enquadrar o caso específico português no contexto da UE.

A Dimensão Europeia

Quando um observador distanciado olha para as áreas de actividade da União Europeia (UE), encontra um raio de acção assinalável que cobre domínios como intervenção económica, comercial e monetária, e que se estende também a questões como a ajuda ao desenvolvimento, a protecção dos direitos fundamentais e uma política externa centrada, sobretudo, na sua vizinhança. Se esse mesmo observador tivesse olhado para o mesmo objecto de análise há duas décadas atrás, por comparação, encontraria hoje uma intervenção muito mais abrangente do que a anterior, e que se estende já a vários temas de segurança, tanto interna (no domínio do espaço de Liberdade, Segurança e Justiça) como externa (por virtude da Política Externa e de Segurança Comum e, mais especificamente, da Política Comum de Segurança e Defesa). Ainda assim, provavelmente, a generalidade dos europeus não diria que a luta contra o terrorismo é uma área relevante da actuação da UE.

Para esta circunstância concorre a co-existência de várias ideias – umas correctas, outras não – que habitam o imaginário dos europeus quando confrontados com a seguinte questão: "Que importância tem a luta contra o terrorismo na dinâmica da UE, e de que forma podem os Estados-Membros ser afectados por esta actuação?" Num trabalho publicado em 2003[3], Gustav LINDSTROM desmonta três dos mitos que geralmente estão associados ao comprometimento dos europeus com a luta contra o terrorismo: i) os europeus não se interessam por terrorismo; ii) os europeus não estão na disposição de empregar forças militares no combate ao terrorismo; iii) as abordagens dos EUA e da UE à luta contra o terrorismo são incompatíveis. Não é verdade que os europeus não se interessem por terrorismo (como poderiam, se estiveram décadas expostos a várias formas de terrorismo nacionalista e independentista?) nem que não estejam na disposição de empregar diversos meios, incluindo os militares, para o comba-

---

[3] LINDSTROM 2003.

ter (os documentos oficiais da UE comprovam-no, como veremos adiante, como também o atestam as mais diferentes sondagens de opinião[4], mesmo em tempos em que se verifica aquilo que Gilles de Kerchove, o Coordenador Europeu da Luta Contra o Terrorismo, qualifica de "fadiga de luta contra o terrorismo"[5]). Ao mesmo tempo, como veremos no próximo ponto, existe muito mais coordenação e cooperação entre a UE e os EUA do que geralmente se pensa, ao ponto de se concluir, como faremos adiante, que as abordagens são altamente compatíveis e, até, complementares.

Os atentados terroristas de 11 de Setembro de 2001 não apanharam de surpresa apenas os EUA. A UE, que estava a ultimar a conceptualização da sua Política Europeia de Segurança e Defesa[6] (PESD), viu-se forçada a reagir após a verificação dos factos, tal como havia sucedido anos antes com a desintegração da ex-Jugoslávia e, em especial, com o conflito no Kosovo. Do Conselho Europeu Extraordinário de 21 de Setembro de 2001 até ao Conselho Europeu de Laeken, três meses depois, a UE comprometeu-se a usar todos os meios ao seu dispor para combater o terrorismo, incluindo a Política Externa e de Segurança Comum e a PESD, e concluiu este ciclo declarando a PESD operacional. Desde então, passando pela Estratégia Europeia de Segurança (EES), que colocou o terrorismo no topo da lista das ameaças à segurança da UE, pela Convenção sobre o Futuro da Europa, pelo Tratado Constitucional e, por fim, pelo Tratado de Lisboa, a segurança tem estado sempre presente na agenda política e legislativa da UE.

---

[4] De acordo com os dados do Eurobarómetro 72, publicado em Fevereiro de 2010, cerca de 80% dos cidadãos europeus consideram que esta ameaça deve ser tratada em comum ao nível da UE, naquela que é a questão para a qual uma abordagem comum é mais importante, ficando à frente de temas como a investigação científica e tecnológica (72%), a protecção do ambiente (70%), a política exterior e de defesa (67%) e a energia (67%). Neste mesmo estudo de opinião, o terrorismo não é percepcionado uniformemente como uma ameaça à segurança individual, mas em Espanha (12%) e na Dinamarca (9%), por exemplo, os valores são já consideráveis. Eurobarómetro 72, de Fevereiro de 2010 [http://ec.europa.eu/public_opinion/archives/eb/eb72/eb72_vol1_fr.pdf].

[5] A expressão utilizada, em inglês, é "counter-terrorism fatigue". Ver EU Counter-terrorism Co-ordinator (2009) *EU Counter-terrorism Strategy: Discussion Paper*, 26 de Novembro. [http://register.consilium.europa.eu/pdf/en/09/st15/st15359-re01.en09.pdf].

[6] O Tratado de Lisboa introduziu uma nova designação à PESD, baptizando-a de Política Comum de Segurança e Defesa (PCSD)

A dimensão externa do espaço de Liberdade, Segurança e Justiça

A principal dimensão da luta contra o terrorismo levada a cabo pela UE dá-se na área da Justiça e Assuntos Internos, domínio que constituía o chamado "terceiro pilar" das políticas da UE. Aqui, tanto a Comissão Europeia como o Coordenador Europeu da Luta contra o Terrorismo (institucionalmente localizado no seio do Secretariado-Geral do Conselho), bem como outros órgãos de cooperação inter-Estados-Membros (por exemplo a Europol, o Eurojust ou o Comité Permanente de Segurança Interna[7]), desempenham o papel principal. Enquadrando conceptualmente a actuação destes órgãos, o Programa de Estocolmo, adoptado pela UE em Dezembro de 2009, surge em sequência dos Programas de Tampere e de Haia, e vem introduzir uma nova abordagem, centrada no cidadão. Ao mesmo tempo, confere igualmente uma importância maior a questões de segurança[8], ainda que estipule que esta deverá ter em conta os valores em que a UE assenta.

Actualmente, no domínio dos assuntos internos da UE, verifica-se uma evolução conceptual focada na chamada dimensão externa da Justiça e Assuntos Internos[9] (JAI). Este caminho teórico encontra respaldo em vários documentos europeus[10] e implica que haja disposições do domínio

---

[7] Este órgão foi criado em 25 de Fevereiro de 2010 por iniciativa da Presidência espanhola (o Tratado de Lisboa avançou com o cargo de Presidente do Conselho, mas ao nível sectorial mantém-se o esquema rotativo entre os Estados membros). O órgão prevê a reunião semestral dos chefes dos órgãos nacionais, o estabelecimento de uma rede de pontos de contacto que agilize a troca de informação, o intercâmbio bilateral e multilateral de informação com relevância estratégica, a facilitação de reuniões de especialistas para abordar questões específicas e pretende ser um ponto de contacto com o *SITCEN (Situation Centre da UE)* e com o *coordenador europeu da luta contra o terrorismo*. Como costuma acontecer nestes domínios, Portugal está incluído, tal como já estava na linha da frente aquando da criação da *EUGENDFOR*, a *Força de Gendarmeria Europeia*, que conta com a participação da GNR desde o seu início, em 2006, e que actualmente é dirigida pelo Coronel Jorge Esteves.

[8] Por limitações de espaço não é possível fazer aqui uma análise detalhada ao documento. Mas é possível avançar-se com a ideia de que, apesar do discurso centrado nos valores e no cidadão, o foco na segurança sai também reforçado, Neste sentido, ver Tony Bunyan (2009) "Commission: Action Plan on the Stockholm Programme: a Bit more Freedom and Justice and a lot more Security". *StateWatch Analysis*, disponível em http://www.statewatch.org/analyses/no-95-stockholm-action-plan.pdf.

[9] Neste sentido, ver sobretudo BALZACQ 2008; PAULAK 2009.

[10] Ver, por todos, Comissão Europeia 2005.

da JAI que fazem parte da agenda externa (aqui entendida *latu sensu*) da UE[11]. Alguns autores referem que há, aqui, vários conceitos ('externalização', 'internalização' ou *'governance* externa') que necessitam de apuramento conceptual[12], mas estes inserem-se numa lógica de não-restrição dogmático-conceptual e de intersecção entre vários domínios académicos úteis para este estudo.

Em direcção a um "modelo europeu de segurança"? A Estratégia Europeia de Segurança Interna

Pretendendo suprir uma das lacunas mais latentes da arquitectura de segurança da UE, a Presidência espanhola, do primeiro semestre de 2010, estabeleceu como prioridade a apresentação de uma Estratégia Europeia de Segurança Interna (EESI)[13], que viesse juntar-se à ESS de 2003 e ao Relatório sobre a Execução da Estratégia Europeia de Segurança, de 2008[14], que constituem, *grosso modo*, o que se pode chamar de "conceito estratégico europeu". A nova EESI foi aprovada em Fevereiro de 2010 e avança com um conceito de Segurança Interna amplo, abrangente e flexível, defendendo que "A Europa deve consolidar o seu modelo de segurança, baseado nos princípios e valores da União: respeitos pelos direitos humanos e pelas liberdades fundamentais, primazia do direito, democracia, diálogo, tolerância, transparência e solidariedade". O subtítulo do documento ("Em Direcção a um Modelo Europeu de Segurança") deixa antever o reconhecimento de uma certa peculiaridade do caso europeu e a consequente adaptação conceptual a esta realidade. É necessário, portanto, usar uma "abordagem ampla e abrangente ao conceito de segurança interna", que tenha também em conta a chamada "dimensão externa da segurança interna", prosseguida por virtude da cooperação com países terceiros. Esta abordagem vai ainda de encontro ao estipulado no Tratado de Lisboa, sobretudo no que se refere ao fim da estrutura dos pilares, miti-

---

[11] MONAR 2004; RIJPMA e CREMONA 2007.
[12] Entre todos, ver LAVENEX e WICHMANN 2009 e LÉONARD 2005.
[13] A EESI foi aprovada em 25 de Fevereiro de 2010 pelo Conselho após consulta pública. *Internal Security Strategy for the European Union*, 5842/2/10, JAI 90. [http://register.consilium.europa.eu/pdf/en/10/st05/st05842-re02.en10.pdf].
[14] Relatório sobre a Execução da Estratégia Europeia de Segurança – Garantir a Segurança num Mundo em Mudança, Bruxelas, 11 de Dezembro de 2008, S407/08.

gando algumas das barreiras entre o segundo e o terceiro pilar e agilizando, desta forma, os processos de tomada de decisão em matérias relativas ao chamado Espaço de Liberdade, Segurança e Justiça – matérias alocadas previamente ao terceiro pilar e, por isso, sujeitas a decisão por unanimidade. Com efeito, só uma abordagem abrangente e flexível pode (eventualmente, e em última instância) alcançar o objectivo proposto de caminhar para um "modelo europeu de segurança".

Para dar cumprimento a estes objectivos, portanto, a EESI prevê o recurso a vários sectores da sociedade para enfrentar as ameaças: i) Cooperação ao nível do cumprimento da lei; ii) Gestão integrada das fronteiras; e iii) Gestão integrada dos sistemas jurídico-criminais dos Estados-Membros.

Mais importante ainda é lista de ameaças à segurança interna europeia que a EESI elenca, onde o terrorismo se encontra à cabeça. As restantes ameaças avançadas são o "crime sério e organizado", o "cibercrime", o "crime transfronteiriço", a "violência em si mesma", os "desastres naturais ou de origem humana" e ainda "outras situações (acidentes de viação, p. ex.)".

Entre as respostas aos desafios (a secção tem como nome "Instrumentos de coordenação e cooperação"), a UE adopta um conjunto de mecanismos destinados a melhorar a resposta àquelas ameaças à segurança interna. Entre estes, destacam-se:

- Antecipação de ameaças – análise de situações e cenários futuros
- Resposta adequada: planeamento, programação e gestão das consequências
- Efectividade no terreno: agências e instituições (Europol, Eurojust, Frontex e Coordenador Europeu de Luta contra o Terrorismo)
- Criação de ferramentas baseadas no reconhecimento mútuo, na partilha de informações e na cooperação em investigações e operações conjuntas.

Enquadrando toda a actuação europeia no domínio da segurança interna, no seguimento de muitos outros documentos, a UE deve observar respeito por determinados princípios basilares (direitos fundamentais, protecção internacional, primado do direito e privacidade), assim como a protecção de todos os cidadãos e a tolerância, respeito e liberdade de expressão.

Enquadramento político-legal da luta contra o terrorismo

No que se refere à política de segurança relativa à luta contra o terrorismo, o *acquis* da UE foi estabelecido gradualmente desde 2001, num processo que, à imagem do que sucedeu noutros domínios supra referidos, foi contagiado pelos acontecimentos – sobretudo os atentados de Nova Iorque e Washington de 11 de Setembro de 2001 e os de Madrid, de Março de 2004, mas também os Londres, de 7 de Julho de 2005. Os principais documentos que enquadram a sua actuação são a Declaração sobre Combate ao Terrorismo, de 24 de Março de 2004, e Estratégia Europeia de Luta contra o Terrorismo, 30 de Novembro de 2005. Ambos os documentos representam esforços de conceptualizar uma acção europeia que deve centrar-se em quatro acções: Prevenção, Protecção, Perseguição e Reacção[15].

A prevenção deve dar-se por recurso a uma melhor coordenação entre os Estados-Membros e instituições como a Europol, tendo ambos apresentado iniciativas destinadas a actuar nas prisões para evitar radicalização, a actuar na Internet, a dar formação a líderes religiosos e a apoiar o reforço das valências policiais para reconhecer e combater a radicalização. Mesmo no âmbito da PCSD a prevenção pode ser almejada, nomeadamente prevenindo a radicalização e o recrutamento (assim como os factores por detrás de ambos), protegendo potenciais alvos, perseguindo os terroristas identificados e respondendo a ataques. Por fim, a UE incentivou a melhoria dos sistemas legais de alguns Estados-Membros, e alguns procederam a algumas reformas importantes. Até ao fim de 2010, prevê-se que a segunda fase de avaliação das estruturas nacionais se conclua[16], estando este processo, desta feita, concentrado na questão do grau de preparação e de resposta a atentados.

A protecção deverá dar-se tanto ao nível das pessoas como das estruturas, melhorando o controlo das fronteiras a protecção dos sistemas de transportes e das infra-estruturas críticas. Esta actuação versa não apenas sobre a ameaça de exposição a explosivos mas também contra aquilo que

---

[15] Uma resenha condensada das principais orientações da UE neste domínio encontra-se no documento *Ficha Informativa – A União Europeia e a Luta contra o Terrorismo*, Secretariado-Geral do Conselho, 2 de Outubro de 2009 [http://www.consilium.europa.eu/uedocs/cmsUpload/Factsheet-fight%20against%20terrorism%20091002.PT.PDF].

[16] A primeira fase de avaliação deu-se entre 2001 e 2007 e debruçou-se sobre as estruturas e a coordenação; a segunda fase iniciou-se em 2007.

a UE designa "ataques terroristas não convencionais", referindo-se a armas químicas, biológicas, radiológicas e nucleares.

Para optimizar a fase de perseguição de terroristas, o mandato de detenção europeu tem sido usado com crescente regularidade[17]. Esta circunstância possibilitou a aprovação, em 2008, pelo Conselho, de uma decisão-quadro para criar um Mandato Europeu de Obtenção de Provas, na sequência também de uma decisão-quadro de autorização do reconhecimento mútuo de decisões de confisco, esta de 2006. A estes mecanismos de investigação deve juntar-se a actuação do Eurojust, da Europol, e da Academia Europeia de Polícia (CEPOL), que recentemente iniciou programas de formação em matéria de luta contra o terrorismo destinados a altos funcionários dos serviços policiais, tendo o Conselho igualmente aprovado em 2009 um acordo de cooperação entre a CEPOL e a Interpol.

Por fim, a reacção pós-atentado tem sido trabalhada recorrendo, entre outras acções, à identificação dos meios de transporte susceptíveis de prestar auxílio nesta fase, ao reforço das medidas de protecção consular de cidadãos da UE residentes fora do espaço europeu e à criação tanto do sistema ARGUS[18], o sistema de alerta rápido da UE que liga todos os sistemas especializados de emergência, como do *Central Crisis Centre*.

---

[17] Foi apenas após os ataques de 11 de Setembro que os então 15 Estados membros acordaram os termos do Mandado de Detenção Europeu, um expediente que estava em discussão havia já alguns anos e permite facilitar a detenção de um determinado suspeito no território da UE. Em Fevereiro de 2005, um relatório da Comissão alertou para o facto de 11 dos então 25 Estados membros terem cometido erros na transposição do Mandato de Detenção para as respectivas legislações nacionais. Sendo a Alemanha um destes 11 Estados, o Tribunal Constitucional alemão (verdadeiro *case study* de como pode um tribunal nacional influenciar e condicionar o processo de integração europeia), meses depois, recusou um pedido espanhol de extradição de Mamoun Darkazanli, que havia sido acusado de ser interlocutor e assistente de bin Laden. Essa recusa baseou-se na alegada insuficiência da base legal que possibilitaria a extradição. Um ano depois dos atentados do 11 de Março, esta recusa caiu muito mal e Madrid ameaçou retaliar, alegando que iria libertar cerca de 50 suspeitos que, aos alemães, interessava interrogar.

[18] Este sistema integrado de alerta rápido foi criado na sequência da Comunicação da Comissão ao Parlamento Europeu, Conselho, Comité Económico e Social e Comité das Regiões – *Commission provisions on "ARGUS" general rapid alert system* / COM/ /2005/0662 final.

A PCSD ao serviço da luta contra o terrorismo

Como já foi referido ao longo deste estudo, a UE tem vindo a reconhecer que, mesmo não sendo a abordagem mais relevante nestes domínios, a PCSD pode desempenhar um papel importante nos esforços europeus de contra-terrorismo. Desde o Conselho Europeu Extraordinário de 21 de Setembro de 2001 até à nova redacção que o Tratado de Lisboa confere ao artigo relativo às missões de Petersberg, e que analisaremos adiante, a UE percorreu um caminho de apuramento conceptual que estabeleceu uma ligação entre o domínio de intervenção no âmbito da PCSD e a luta contra o terrorismo[19].

No entanto, como reiteradamente sucede em questões relacionadas com segurança e política externa da UE, existe uma diferença entre aquilo que é declarado e a sua respectiva implementação. Com efeito, das mais de vinte missões levadas a cabo no âmbito da PCSD, nenhuma foi constituída com fins relacionados com o terrorismo[20]. Mesmo podendo debater-se se estas missões são ou não adequadas a cumprir objectivos desta índole, não deixa de ser assinalável que o principal instrumento da PCSD não esteja ao serviço de um objectivo que, de acordo com a mesma, deveria constituir uma das suas áreas de acção. O paradoxo adensa-se se se atender ao facto de algumas destas missões decorrerem em teatros de operações onde o terrorismo esteve ou está plenamente activo, tais como Balcãs, Territórios Palestinianos, Afeganistão ou Iraque.

---

[19] Para um aprofundamento desta questão específica, ver o capítulo deste volume elaborado por Laura C. Ferreira-Pereira e Bruno Oliveira Martins "A Política Comum de Segurança e Defesa da União Europeia e a Luta Contra o Terrorismo: Génese e Evolução de um Novo Nexo".

[20] A única excepção existe na missão militar Althea, lançada na Bósnia em 2004 e ainda operacional, em que, entre as funções conferidas pelo respectivo mandato (Acção Comum 2004/570/PESC), se encontravam a protecção contra ataques terroristas, o apoio a instituições da sociedade civil tendo em vista a luta contra o terrorismo e a manutenção da segurança "contra qualquer potencial organização terrorista". Mas mesmo esta excepção confirma as premissas já aventadas: trata-se de uma missão que veio substituir uma missão da NATO (SFOR Nato) e que herdou grande parte do seu mandato. Além disso, as menções ao terrorismo dão-se numa perspectiva sobretudo defensiva, e não se encontram ao serviço de uma estratégia de combate a esta ameaça. Cfr. Documento do Conselho *Concept for the European Union (EU) Military Operation in Bosnia and Herzegovina (BiH) – Operation ALTHEA*, 12576/04, de 29 de Setembro de 2004. [http://register.consilium.europa.eu/pdf/en/04/st12/st12576.en04.pdf].

Poderá especular-se em torno das razões para esta lacuna, mas parece restarem poucas dúvidas de que a UE não apresenta força política externa e poder diplomático para assumir estas ambições. Além disso, o terrorismo não é percepcionado enquanto ameaça estratégica: a noção dominante é que se trata de uma questão de implementação do direito, um domínio jurídico/judicial, um crime pouco diferente dos outros. Esta abordagem tem vantagens (nomeadamente ao retirar algum do carácter "romântico--idealista" do terrorismo), mas ao mesmo tempo não permite que a UE se assuma, na arena internacional, como um actor plenamente capaz neste domínio. Por fim, é igualmente admissível a interpretação segundo a qual a dimensão militar/*hard power* da luta contra o terrorismo é mais eficazmente assumida pela NATO, e não pela UE. Previsivelmente, com a entrada em vigor do Tratado de Lisboa, a implementação do nexo entre PCSD e luta contra o terrorismo será mais facilmente conseguida, uma vez que, como veremos a seguir, tal decorre directamente do texto do Tratado, sobretudo do artigo 43 TUE.

A luta contra o terrorismo da UE pós-Lisboa

Num teatro de operações, quando existe multiplicidade de instituições e de actores no terreno, a única forma de criar sinergias e assegurar coordenação e colaboração entre todos é através de uma liderança forte. A UE parece ter aprendido algo com os princípios militares e, por via do Tratado de Lisboa, trabalhou para suprir algumas das falhas ao nível da liderança da sua estrutura e da coordenação multi-institucional.

Ainda que desprovido da generalidade do valor simbólico do Tratado Constitucional, o Tratado de Lisboa recupera a maioria das disposições que aquele documento avançava e, nos domínios da segurança, mantém toda a filosofia que vem já desde a Convenção sobre o Futuro da Europa. Neste sentido, as questões da liderança e da representatividade externa são prosseguidas por virtude da criação do cargo de Presidente do Conselho Europeu e do cargo de Alto-Representante para a Assuntos Externos e de Segurança.

Atendendo ao foco deste estudo, centrar-nos-emos nas alterações que poderão ter impacto na abordagem na luta contra o terrorismo. Assim, em questões relacionadas com o domínio da PCSD, as principais inovações estão relacionadas com a cláusula de defesa mútua, a admissão da figura da cooperação estruturada permanente, o alargamento das missões de Petersberg e a cláusula de solidariedade. A cláusula de defesa mútua destina-se a regular a reacção europeia caso um dos seus Estados-Membros seja vítima de um ataque de natureza militar (Art. 28, parágr. 7), estipulando que, nessa situação, todos os outros deverão prestar-lhe ajuda e auxílio. O facto de se destinar a situações clássicas de ataque militar retira-lhe preponderância para o caso em apreço, uma vez que os ataques terroristas se caracterizam, sobretudo, pela sua natureza não convencional e não estadual. As cooperações estruturadas permanentes, por seu turno, destinam-se a Estados-Membros cujas capacidades militares preencham critérios mais elevados e que tenham assumido compromissos mais vinculativos na matéria tendo em vista a realização das missões mais exigente (Art. 42, n. 6 TUE) – adiante analisaremos que impactos podem verificar-se no domínio da luta contra o terrorismo.

Para este contexto, as disposições mais relevantes são a nova redacção do artigo relativo às missões de Petersberg e a cláusula de solidariedade. O art. 43 TUE estipula quais são as missões que a UE poderá desempenhar no âmbito da sua PCSD, elencando acções conjuntas em matéria de desarmamento, as missões humanitárias e de evacuação, as missões de aconselhamento e assistência em matéria militar, as missões de prevenção de conflitos e de manutenção da paz, as missões de forças de combate para a gestão de crises, incluindo as missões de restabelecimento da paz e as operações de estabilização no termo dos conflitos. Mais importante ainda, a seguir acrescenta que "todas estas missões podem contribuir para a luta contra o terrorismo, inclusive mediante o apoio prestado a países terceiros para combater o terrorismo no respectivo território". Mesmo sabendo-se que a PCSD/PESD sempre se desenvolveu à margem dos Tratados (numa lógica muito interessante protagonizada pelo Conselho Europeu), não deixa de ser altamente relevante que o artigo relativo à tipologia das missões PCSD faça menção expressa à sua utilidade na luta contra o terrorismo.

A cláusula de solidariedade, prevista no artigo 222 TFUE, estipula que a União e os seus Estados-Membros actuarão em conjunto e em espírito de solidariedade, se um Estado-Membro for alvo de um ataque terrorista ou vítima de uma catástrofe natural ou de origem humana. Este artigo acrescenta ainda que a União mobilizará todos os instrumentos ao seu dispor, incluindo os meios militares disponibilizados pelos Estados-Membros, para:

    a) – Prevenir a ameaça terrorista no território dos Estados-Membros:
       – Proteger as instituições democráticas e a população civil de um eventual ataque terrorista,

– Prestar assistência a um Estado-Membro no seu território, a pedido das suas autoridades políticas, em caso de ataque terrorista;
b) Prestar assistência a um Estado-Membro no seu território, a pedido das suas autoridades políticas, em caso de catástrofe natural ou de origem humana.

Estas disposições representam um nível de ambição política sem paralelo com o registo anterior e demonstram a importância crescente que a ameaça do terrorismo tem na arquitectura de segurança da UE; manifestando uma vontade de coerência na acção internacional, são acompanhadas por um conjunto de outras disposições que, previsivelmente, contribuirão para aprimorar as valências da UE em termos de luta contra o terrorismo. Algumas destas medidas estão previstas para a área dos assuntos internos mas outras têm um cariz transversal.

Desde logo, o fim da estrutura de pilares (consagrando a ideia de *cross-pillarisation*, que parte da academia vinha estudando desde há alguns anos[21]) irá trazer maior flexibilidade e agilidade à forma de actuação da UE, fazendo com que, por um lado, haja uma extensão dos domínios onde se decide por maioria qualificada[22] (55% dos Estados-Membros, correspondentes a 65% da população), e, por outro, se verifique um alargamento de competência do Tribunal de Justiça às questões relacionadas com o espaço de Liberdade, Segurança e Justiça. Por fim, a atribuição de personalidade jurídica conferida pelo novo Tratado permite à UE ser signatária de convenções internacionais e pleno sujeito internacional. No Tratado há ainda outras disposições que se referem ao terrorismo, nomeadamente no que diz respeito ao controlo de capitais (Artigo 75 TFUE), ao estabelecimento de regras mínimas relativas à definição das infracções penais e das sanções em domínios de criminalidade particularmente grave com dimensão transfronteiriça que resulte da natureza ou das incidências dessas infracções, ou ainda da especial necessidade de as combater, assente em bases comuns (art. 83 TFUE), ou disposições relativas ao funcionamento da Europol (art. 88 TFUE).

Todas estas disposições representam um empenhamento crescente da UE em matéria de luta contra o terrorismo, por um lado, e, por outro, demonstram que, pelo menos do ponto de vista da conceptualização, foi

---

[21] A principal referência aqui é STETTER 2007.
[22] Os domínios em que a decisão é tomada por unanimidade são impostos e política fiscal, política externa, defesa e segurança social.

feito um diagnóstico correcto das insuficiências da UE em matéria de política de segurança e um esforço para as tentar suprir. Uma análise da história da integração europeia revela, porém, que a implementação de algumas medidas é bem mais difícil de conseguir do que o consenso político necessário para as adoptar. Neste sentido, e uma vez que apenas decorreram seis meses desde a entrada em vigor do Tratado de Lisboa, é prematuro fazer-se uma avaliação dos seus resultados concretos; ainda assim, tendo em atenção tudo o que ficou dito, deve reconhecer-se que as perspectivas são claramente mais optimistas do que eram antes de Dezembro de 2009.

Apesar da importância matricial que o contexto europeu tem no enquadramento e na implementação da acção de contra-terrorismo de cada Estado-Membro, o caso Português apresenta, igualmente, outras dimensões, que analisaremos em seguida.

A equação transatlântica

Para lá do preconceito: Cooperação transatlântica em contra--terrorismo durante a Administração Bush

Como foi referido acima, existe um "antes" e um "depois" dos atentados de 11 de Setembro no que se refere à abordagem europeia à luta contra o terrorismo. Tentaremos agora demonstrar que, e ainda que tal cause uma ligeira e irónica perplexidade, a Administração Bush foi fundamental para a definição gradual de uma ideia de "segurança europeia", tanto ao nível interno como ao nível externo: ao criar condições para que o discurso se extremasse em ambos os lados do Atlântico, contribuiu para que esta dimensão securitária da UE se desenvolvesse tanto por oposição como enquanto complemento à abordagem norte-americana.

No contexto deste estudo, todavia, mais importante ainda é perceber que a relação transatlântica, ao longo de décadas, nunca esteve tão saudável como desde o pós-Guerra Fria, e não foram os atentados de 11 de Setembro nem a consequente reacção americana que alteraram decisivamente este cenário. Com efeito, se for realizado um exercício de abstracção em relação ao acessório e se o foco de análise se concentrar na implementação concreta das diversas políticas, verificar-se-á que discursos como os de Robert KAGAN sobre Marte e Vénus[23], e assumpções/genera-

---

[23] Aqui pensa-se sobretudo em KAGAN 2002 e 2003.

lidades que dizem que a UE e os EUA, sobretudo durante a Administração Bush, se afastaram definitivamente, não correspondem à realidade. Como assinala Andrew MORAVCSIK (2010), mesmo na questão mais suspeita – intervenções militares dos EUA – a sintonia Bruxelas-Washington nunca foi tão forte. Durante a Guerra Fria, a partir da guerra da Coreia, praticamente todas as intervenções americanas tiveram a oposição dos (Estados) europeus. Vietname, Nicarágua, Suez, entre tantas outras, criaram verdadeiras crises atlânticas. Em sentido contrário, desde os anos 90, das várias intervenções *out of area* dos americanos, apenas a Guerra do Iraque (somente a segunda, porque a primeira não enfrentou grandes obstáculos) gerou oposição europeia. E esta constatação surge na área em que, normalmente, a incompatibilidade é apontada como sendo mais evidente. O resto é a democracia, comércio, direitos humanos, liberdades individuais, cooperação militar e estratégica, partilha de informação, investimento em conhecimento científico, e muitos outros domínios de cooperação saudável.

Além disso, por muito que a retórica dominante aponte alegadas incompatibilidades insanáveis em muitas questões, em áreas como o contra-terrorismo, por exemplo, a implementação na prática mostra uma cooperação que, hoje, é maior do que era há anos atrás[24]. Ao fazer da cooperação judicial e policial uma das prioridades na definição da sua relação com os EUA, a UE foi de encontro às pretensões da Administração Bush, e foi na sequência desta cooperação que a Europol estabeleceu dois gabinetes em Washington, enquanto o FBI criou um outro em Haia; e foi este contexto que permitiu que ambos os lados do Atlântico acordassem nas áreas prioritárias de intervenção: patrulhamento de fronteiras e segurança nos transportes. Esta cooperação dá-se em questões como a troca de *intelligence*, acordos de transmissão de dados sobre listas de passageiros, harmonização de listas de terroristas (indivíduos e organizações), segurança das cargas nos transportes, política de vistos e policiamento a bordo de aeronaves. Independentemente de alguns destes preceitos levantarem questões jurídicas, em relação às quais o Tribunal de Justiça foi já chamado a pronunciar-se, releva o facto de o acordo político ter sido atingido e tal, por contrariar o "senso comum", merece destacado.

---

[24] Entre a vasta bibliografia sobre cooperação UE-EUA em matéria de contra-terrorismo, pode ver-se ALDRICH 2009; JENKINS 2003; REES 2009; e ainda DWORKIN 2009.

Perspectivas futuras de aprofundamento da cooperação transatlântica

A mudança de Administração em Washington, ocorrida em Janeiro de 2009, teve algumas consequências práticas importantes. A opção por uma mudança retórica e pelo fim do uso da expressão "guerra ao terror" implicou uma postura diferente na arena internacional e uma abordagem casuística aos problemas de segurança, em vez de uma "guerra global" contra um adversário nebuloso e mal identificado[25].

Como foi referido atrás, a cooperação a nível de segurança entre ambos os lados do Atlântico desenvolveu-se muito desde o 11 de Setembro de 2001, e importa agora olhar para as avenidas de desenvolvimento que podem ser percorridas no futuro. Ainda assim, o contexto político e de segurança dos EUA, marcado por atentados falhados *in extremis* (Detroit, em Dezembro de 2009, e Nova Iorque, em Maio de 2010), disputas partidárias entre os dois blocos políticos do espectro político, e as dificuldades verificadas na resolução do dossiê Guantánamo, entre outros assuntos, contribui para tornar pouco provável a adopção de um novo acordo global com a UE nestas matérias.

Em "A New Standard for Fighting Terrorism under the Rule of Law", Anthony DWORKIN (2010) apresenta o estado da arte da cooperação transatlântica neste domínio e avança algumas ideias para futuros desenvolvimentos. Nomeadamente, avança com aqueles que serão os temas mais controversos e propõe uma abordagem que poderá ser objecto de entendimento entre ambos os parceiros. Entre os temas que, previsivelmente, estarão na origem de maior fricção, encontram-se i) os princípios de detenção (para cuja complexidade concorre a definição do tipo legal do crime de terrorismo – conflito armado? Crime de guerra? Equiparação a crime organizado?), ii) o uso de métodos coercivos de interrogação (incluindo muitos casos que a UE define como tortura), iii) as políticas de rendição e as consequentes transferências de prisioneiros, os iv) procedimentos judiciais tendentes a assegurar julgamentos justos à luz do direito internacional e, por fim, v) o recurso a assassínios selectivos. Ao longo do processo

---

[25] Ainda assim, é importante reter que a própria não-renúncia, por parte da actual Administração, à ideia de um conflito global contra a al-Qaeda e respectivos grupos-satélite é contrária à abordagem da UE, que, como se viu, assenta numa abordagem diferente. O mesmo se passa em relação ao facto de a Administração Obama manter o recurso a tribunais militares para julgar tanto determinados suspeitos como a prática de assassínios selectivos.

tendente a criar uma plataforma comum na regulação nestas matérias, o respeito pelos princípios fundamentais dos direitos humanos e pelo direito internacional deverão nortear a posição da UE e não poderão nunca deixar de estar presentes nos acordos firmados[26]. Tanto a tradição iluminista europeia como os princípios e valores assumidos nos Tratados contribuem para tornar esta questão literalmente incontornável[27].

O contexto de Portugal em perspectiva

Do ponto de vista da probabilidade, Portugal não é, potencialmente, um alvo privilegiado e prioritário de ataques terroristas. Numa perspectiva comparativa, e mesmo tendo presente as actividades das FP-25, não existe uma grande tradição de terrorismo político[28]. Não obstante, dados de 2009 demonstram que, no contexto da UE, os portugueses estão entre os mais preocupados com a luta contra o crime organizado e o terrorismo (96%), com o controlo das fronteiras externas da UE (69 por cento) e com a melhoria do acesso à justiça (94%)[29].

---

[26] Neste sentido, abordando especificamente a problemática questão da fronteira entre direito e política nos domínios da luta contra o terrorismo, ver GUILD 2010.

[27] Numa conferência organizada pela Security and Defence Agenda, em Bruxelas, em 12 de Maio de 2010, Rob Wainwright, o director da Europol, referiu que as prioridades da UE em termos de contra-terrorismo deverão ser três: i) Gestão da informação; ii) Poder coercivo; iii) Consenso político. Esta abordagem é correcta e coloca a ênfase naquelas que deverão ser as verdadeiras prioridades da UE, sobretudo se se considerar que, nestes domínios, a UE é ainda uma comunidade "de direito" muito fragmentada, onde coabitam diferentes abordagens nacionais. Uma nota final interessante foi ainda deixada por Wainwright: contra-terrorismo e direitos humanos devem deixar de ser vistos como interesses que competem entre si; não há rivalidade entre ambos e deve ter-se sempre em mente que o mais fundamental dos direitos é o direito à vida.

[28] Uma resenha completa do enquadramento político e legal do sistema português de luta contra o terrorismo encontra-se em COSTA 2009a e 2009b. Sobre esta tema, ver também NOIVO e DOMINGUES 2009; PINHEIRO 2008; PINTO 2010; e ainda SILVEIRA e ROMÃO 2005.

[29] Portugal, juntamente com a França e o Luxemburgo, está entre os três países que mais defendem o contributo da UE para a resolução destes problemas, ao contrário dos países do Leste da Europa. A referência a estas conclusões pode ser encontrada aqui: "Eurobarómetro: crime organizado e drogas são maior preocupação dos europeus", *Público*, 19 de Janeiro de 2009 [http://www.publico.pt/Sociedade/eurobarometro-crime-organizado-e-drogas-sao-maior-preocupacao-dos-europeus_1356737].

Há três grupos de circunstâncias que contribuem para a necessidade de abordar esta questão com responsabilidade e cuidado:

Por um lado, do ponto de vista da ameaça, Portugal não pode ser isolado de um contexto securitário internacional que não obedece a fronteiras e onde qualquer país ou cidadão pode ser um potencial alvo; além disso, determinadas posições públicas lançando a ofensiva da coligação internacional que actuou no Iraque em 2003 colocaram Portugal numa posição próxima do equivalente às posições norte-americana, britânica e espanhola; por fim, deve reconhecer-se que a circunstância de ser membro da NATO e da UE comporta igualmente uma certa capacidade de atracção.

Do ponto de vista da operacionalidade de terroristas, a contiguidade geográfica com Espanha (e, consequentemente, com a ETA) torna Portugal um campo operacional extremamente importante, conforme a realidade demonstrou recentemente; a isto alia-se o facto de ser uma porta de entrada para a Europa e a UE, com todos os desafios que isso coloca ao nível do controlo de fronteiras e da segurança de pessoas e mercadorias.

Ao integrar a NATO e a UE, o espírito de solidariedade obriga a que Portugal acompanhe os esforços comuns de combate ao terrorismo e contribua empenhadamente para esse empreendimento, mesmo que, aos olhos de analistas e opinião pública, tal pareça um pouco desproporcionado tendo em vista a situação económica e geo-política e a dimensão demográfica do país.

A lógica da participação portuguesa nos organismos europeus

Desde muito cedo Portugal percebeu que a melhor forma de conservar a sua voz no concerto europeu era empenhar-se na participação nos órgãos, instituições e políticas que a UE desenvolve. A participação plena nas actividades e nas políticas europeias, o esforço por acompanhar *ab initio* cooperações reforçadas como o Euro ou o Espaço Schengen, o lançamento de iniciativas como a Estratégia de Lisboa, e o brio em desempenhar bem as funções que resultam das dinâmicas comunitárias (sobretudo presidências rotativas mas também muitos cargos em Bruxelas) são o único caminho para Portugal manter a sua capacidade de influência, e de, até certo ponto, moldar decisões no sentido dos seus interesses e do seu pensamento e objectivos estratégicos. Num cenário internacional de globalização, marcado pelas teias de relações interdependentes entre os vários actores, e sendo parte de uma *polity* como a UE, a *medida do poder* de um país como Portugal só pode ser aferida com esta filosofia.

Por maioria de razão, esta abordagem alarga-se igualmente aos domínios de segurança, tendo reflexos na participação em várias missões da

PCSD, a participação na EUROGENDFOR, e na integração, com cargos relevantes, de instituições como o Eurojust e a Europol.

O eixo Lisboa-Madrid

No domínio da luta contra o terrorismo, a plataforma europeia não exclui a dimensão bilateral adaptada às especificidades de cada Estado-Membro. Tal preceito obedece à lógica de potenciação da troca de informações e criação de sinergias locais[30]. Como seria de esperar, a principal cooperação bilateral dá-se com Espanha, numa abordagem que vai muito para além da luta contra o terrorismo independentista basco. Em Fevereiro de 2010, o reforço dessa cooperação bilateral consumou-se através da assinatura de um memorando de entendimento que inclui a criação de um grupo de cooperação policial para troca de informações[31].

A recente descoberta de provas da presença da ETA em Portugal trouxe visibilidade a este processo, mas os factores que justificam esta cooperação centram-se também noutras potenciais ameaças. Entre eles encontram-se a já referida circunstância de, tanto um país como um outro serem portas de entrada para a UE, partilharem uma linha de fronteira de quase 1000 km, e de albergarem instalações (reais ou potenciais) postas ao serviço de objectivos terroristas.

Deve referir-se ainda que ambos os países partilham uma abordagem judicialista / criminalista ao fenómeno do terrorismo, fazendo com que à cooperação policial se deva também juntar a cooperação judicial em matéria penal. É por tudo isto que a cooperação com Espanha ocupa um lugar tão preponderante na abordagem portuguesa a este fenómeno.

Adaptando a retórica oficial ao caso português

Como bem salientam Diogo Noivo e João Domingues, Portugal não deve deixar-se contagiar pela zona de conforto onde se encontra actual-

---

[30] Esta mesma lógica justifica a criação de outras cooperações envolvendo pequenos grupos de Estados membros ou mesmo terceiros Estados. Um bom exemplo desta realidade é o acordo de cooperação das políticas de investigação criminal de Portugal, Espanha, França e Marrocos nos domínios do crime organizado, terrorismo e tráfico de droga, assinado em Sevilha em 10 de Maio de 2010.

[31] O memorando foi assinado a 23 de Fevereiro e a primeira reunião de trabalho deu-se a 25 de Março de 2010.

mente (NOIVO e DOMINGUES 2009), e deve preparar-se para os desafios do futuro e para contribuir para o esforço colectivo europeu. Na sequência do que foi exposto acima, julgamos ser possível problematizar em torno de algumas soluções políticas que se destinam a implementar eficazmente tanto os preceitos legais adoptados nas diversas plataformas como os princípios que devem nortear a actuação de Portugal no domínio do contra-terrorismo. Desde logo, tendo em vista a sua relação privilegiada com os EUA (marcada por colaborações que abrangem domínios de segurança) e o facto de, sendo membro da UE, não ser um alvo prioritário de ataques terroristas (tendo, portanto, um certo distanciamento crítico), Portugal poderia movimentar-se para assumir um papel de liderança na mediação entre ambas as partes tendo em vista a adopção de um acordo de princípio para um Plano de Acção transatlântico de contra-terrorismo. Da mesma forma, tirando partido da sua localização geográfica, Portugal deve continuar empenhado em estreitar laços políticos e cooperação policial com os seus parceiros mediterrânicos, de ambas as margens, na certeza de que a segurança nestes territórios aproveita a Portugal.

Indo de encontro ao estipulado no Tratado de Lisboa e considerando o espírito de solidariedade intra-europeu que este documento estatui e promove, Portugal deve trabalhar no sentido do reforço das suas capacidades, tendo em vista tanto a prestação de auxílio a um outro Estado-Membro vítima de um ataque terrorista, como a própria eventualidade de um ataque em território nacional; neste caso, a protecção de infra-estruturas críticas[32] e a capacidade de resposta eficaz em cenários de crise devem ser asseguradas. Ainda no quadro das inovações de Lisboa, no âmbito do disposto no artigo 46, n.º 2 TUE, relativo às cooperações estruturadas permanentes a criar no seio da UE, Portugal pode participar no debate em torno da criação de uma cooperação no domínio da luta contra o terrorismo – mesmo que, atendendo à complexidade conceptual da utilização de recursos militares para prosseguir objectivos de contra-terrorismo, a sua constituição não se afigure muito provável. A natureza *civ-mil* da maioria das missões PCSD deixa, no entanto, uma porta aberta que Portugal deve considerar.

Por fim, Portugal pode aproveitar a reforma em curso nos sistemas informáticos dos serviços de segurança e dos Ministério da Defesa e da Administração Interna para contribuir para a melhoria do sistema tecnológico europeu relativo a assuntos de segurança, à imagem do que sucedeu

---

[32] Ver *Security and Defence Agenda 2010*.

em 2007 quando tecnologia portuguesa facilitou o alargamento do Espaço Schengen a novos Estados-Membros (Programa SISone4ALL). A sensibilização da sociedade civil para assuntos relacionados com terrorismo e segurança deve ainda constituir uma prioridade estratégica, pelo que as autoridades devem prestar apoio às iniciativas que visem cumprir esta função, e que, em última instância, contribuam para uma cidadania mais esclarecida e, consequentemente, mais participativa.

Considerações Finais

Ao longo deste capítulo pretendeu-se analisar a abordagem complexa e ampla de que a UE se vale na sua luta contra o terrorismo, numa lógica que obedece à ideia de transpilarização/*crosspillarisation* e que, portanto, usa todos os recursos e ferramentas disponíveis para enfrentar esta ameaça. Como foi referido no ponto um, a entrada em vigor do Tratado de Lisboa oferece novos instrumentos que poderão contribuir para o aumento da coordenação intra-europeia e da optimização dos recursos disponíveis. Ao mesmo tempo, disposições como a criação da cláusula de solidariedade incrementam a responsabilidade dos Estados-Membros e requerem um nível de empenhamento superior ao verificado até recentemente.

Ainda que o quadro da UE seja altamente relevante na definição da actuação individual dos Estados-Membros neste domínio, esta não se esgota naquela dimensão. Neste sentido, pela sua importância decisiva nos desenvolvimentos da própria orientação da UE, analisámos igualmente a cooperação transatlântica no âmbito da luta contra o terrorismo, perspectivando algumas das linhas orientadoras de futuros desenvolvimentos nesta relação, surgidos após a intensa cooperação verificada durante a última Administração norte-americana.

Decorrente tanto do seu posicionamento estratégico como da sua situação geográfica e do seu passado histórico, Portugal encontra-se numa posição peculiar no contexto europeu. A sua proximidade com Espanha e, num plano geral, o carácter global da principal corrente do terrorismo actual fazem com que a luta contra o terrorismo deva ser considerada muito importante na segurança nacional, ainda que, do ponto de vista das probabilidades, Portugal se encontre num patamar bem distante de outros Estados-Membros. O recurso a este breve estudo de caso demonstra que a coordenação ao nível da UE co-existe com a cooperação bilateral, pelo que esta dimensão deve ser tomada em conta quando se procede à análise compreensiva da abordagem europeia; decorrente da natureza específica desta ameaça, cada Estado-Membro possui uma abordagem própria que se desenvolve em paralelo à abordagem europeia, fazendo da luta contra o terrorismo na UE uma complexa teia de relações multi-níveis.

BIBLIOGRAFIA

AAVV. 2007. *Towards a Comprehensive, Coherent, and Ethically just European Counterterrorism Policy*. Transnational Terrorism, Security & the Rule of Law Research Project.
[http://www.transnationalterrorism.eu/tekst/publications/European%20Definitions.pdf]
AAVV. 2007. *The Nature of Terrorism: Defining Terrorism within the EU*, Transnational Terrorism, Security & the Rule of Law Research Project.
AAVV. 2008. *Ethical Justness of Counter-terrorism Measures. EU measures*. Transnational Terrorism, Security & the Rule of Law Research Project.
AAVV. 2008. *Radicalisation, Recruitment and the EU Counter-radicalisation Strategy*, Transnational Terrorism, Security & the Rule of Law Research Project.
[http://www.transnationalterrorism.eu/tekst/publications/WP4%20Del%207.pdf]
ALDRICH, Richard. 2009. "US-European Intelligence Co-operation on Counter-Terrorism: Low Politics and Compulsion". *The British Journal of Politics and International Relations* 11 (1): 122-139.
ARCHICK, Kristin e Paul GALLIS. 2003. *Europe and Counterterrorism*, New York: Nova Science Publishers.
BALZACQ, Thierry e S. CARRERA. 2005. *The EU's fight against international terrorism – security problems, insecure solution*. Policy Brief 80. Brussels: Centre for European Policy Studies.
BENDIEK, Annegret. 2006a. "Cross-Pillar Security Regime Building in the European Union: Effects of the European Security Strategy of December 2003". *European Integration Online Papers* 10.
____. 2006b *E.U. Strategy on Counter-Terrorism. Steps towards a Coherent Network Policy*. Research Paper 12. Berlin: Stiftung Wissenschaft und Politik.
BERENSKOETTER, Felix. 2008. "Under Construction: ESDP and the 'Fight against Organized Crime'". *Journal of Intervention and Statebuilding* 2 (2): 175-200.
BOIN, Arjen, Magnus EKENGREN e Mark RHINARD. 2006. "Protecting the European Union: Analysing an Emerging Policy Space". *European Integration* 28 (5): 405-421.
BRADY, Hugo. 2009. Intelligence, emergencies and foreign policy: The EU's role in counter-terrorism, Londres: Centre for European Reform.
BUNYAN, Tony. 2009. "Commission: Action Plan on the Stockholm Programme: a Bit more Freedom and Justice and a lot more Security." *StateWatch Analysis* [http://www.statewatch.org/analyses/no-95-stockholm-action-plan.pdf].
CASALE, Davide. 2008. "EU Institutional and Legal Counter-terrorism Framework". *Defence Against Terrorism Review* 1 (1): 49-78.
CHALK, Peter. 1994. "EU Counter-terrorism, the Maastricht third pillar and Liberal Democratic Acceptability". *Terrorism and Political Violence* 6 (2): 103-145.

CLARKE, J.L. 2005. "European Homeland Security: Promises, Progress and Pitfalls" in *Securing the European homeland: The E.U., terrorism and homeland security*, ed. Bertelsmann Stiftung. Gutersloh: Bertelsmann Stiftung.
Comissão Europeia. 2005. Estratégia em relação à dimensão externa do espaço de liberdade, de segurança e de justiça. 491 final. 12.10.2005
Conselho Europeu. 2008. Relatório sobre a Execução da Estratégia Europeia de Segurança – Garantir a Segurança num Mundo em Mudança, Conselho Europeu de Bruxelas, 11 e 12 de Dezembro.
____. 2001. Declaração de Laeken Sobre o Futuro da Europa. 15.12.2001.
COOLSAET, Rik. 2005. Between al-Andaluz and a failing integration – Europe's pursuit of a long-term counterterrorism strategy in the post-al-Qaeda era, EGMONT Paper 5, Bruxelas: EGMONT – Royal Institute for International Relations.
COSTA, Olinda. 2009a. *The Islamist Terrorist Threat In Portugal: An Assessment Of The Threat*, Projecto Final de Mestrado, MA Counter Terrorism & Homeland Security Studies, Lauder School of Government, Diplomacy & Strategy, Interdisciplinary Center Herzliya (Israel).
____. 2009b. *The Portuguese Legal and Institutional Frameworks on Counter-Terrorism*, Lauder School of Government, Diplomacy & Strategy, Interdisciplinary Center Herzliya (Israel).
DELPECH, Therese. 2002. *International terrorism and Europe*, Chaillot Papers 56, Paris: Instituto de Estudos de Segurança da Uinão Europeia.
DEN BOER, Monica. 2003. "The EU Counter-Terrorism Wave: Window of Opportunity and Profound Policy Transformation?". In *Confronting Terrorism: European Experiences, Threat Perceptions and Policies*, ed. M. v. LEEUWVEN. The Hague, Boston: Kluwer Law International.
DUKE, Simon e Hanna OJANEN. 2006. "Bridging Internal and External Security: Lessons from the European Security and Defence". *Journal of European Integration* 28 (5): 477-494.
DUMITRIU, Eugenia. 2004 "The EU's definition of Terrorism: The Council Framework Decision on Combating Terrorism". *German Law Journal* 5 (5): 585-602.
DWORKIN, Anthony. 2010. "A New Standard for Fighting Terrorism under the Rule of Law", in Think Global – Act European: The Contribution of 14 European Think Tanks to the Spanish, Belgian and Hungarian Presidency of the European Union, ed. Elvire FABRY e Gaëtane RICARD-NIHOUL. Paris: Notre Europe. 181-187
____. 2009. Beyond the "War on Terror": Towards a New Transatlantic Framework for Counterterrorism. ECFR Policy Brief. London: European Council for Foreign Relations.
GEYER, Florian. 2007. Fruit of the Poisoned Tree: Member-States' indirect use of extraordinary rendition and the EU counter-terrorism strategy. Working Document 263, Bruxelas: Centre for European Policy Studies.
GRUSZCZAK, Artur. 2008 "Networked Security Governance: Reflections on the E.U.'s Counterterrorism Approach". *Journal of Global Change and Governance* 1 (3): 1-23.
GUILD, Elspeth. 2010. *EU Counter-Terrorism Action: A Fault Line Between Law and Politics?*, CEPS/Liberty and Security in Europe. Bruxelas: Centre for European Policy Studies.
____. 2008. "The Uses and Abuses of Counter-Terrorism Policies in Europe: The Case of

the 'Terrorist Lists'". *Journal of Common Market Studies* 46 (1): 173-193.
KAGAN, Robert. 2003. O Paraíso e o Poder. A América e a Europa na Nova Ordem mundial. Lisboa: Gradiva.
____. 2002. "Power and Weakness: Why the United States and Europe see the world differently." *Policy Review* 113: 3-28.
KAUNERT, Christian. 2005. "The Area of Freedom, Security and Justice: The Construction of a 'European Public Order'". *European Security* 14 (4): 459-483.
KEHOANE, Daniel. 2008. "The Absent Friend: EU Foreign Policy and Counter-Terrorism". *Journal of Common Market Studies* 46 (1), 125-146.
____. (2005) *The EU and Counter-Terrorism*, Londres: Centre for European Reform.
KOMAREK, Jan. 2007. "European Constitutionalism and the European Arrest Warrant: in search of the limits of "Contrapunctual Principles". *Common Market Law Review* 44: 9-40.
KUIPERS, FRANCK. 2007. *No Dream Ticket to Security – PNR Data and Terrorism*, Security Paper. Haia: Clingendael.
KUROWSKA, Xymena e Patryk PAWLAK. 2009. "Introduction: The Politics of European Security Policies". *Perspectives on European Politics and Society* 10 (4): 474-485.
LAVENEX, Sandra e Nicole WICHMANN. 2009. "The External Governance of EU Internal Security". *Revue d'Integration Européenne/ Journal of European Integration* 31 (1): 83-102.
LAVRANOS, Nikolaos. 2003. "Europol and the Fight against Terrorism". *European Foreign Affairs Review* 8 (2): 259-275.
LÉONARD, Sarah. 2005. The Development of the 'External Dimension' of the EU Asylum and Migration Policy between Migration Control, Development and Regional Protection. Working Paper of the First Challenge Training School.
LINDSTROM, Gustav. 2003. "Terrorism: European myths and realities", in *Shift or Rift: Assessing US-EU relationships after Iraq*, ed. idem. Paris: Instituto de Estudos de Segurança da União Europeia. 231-249.
MAHNCKE, Dieter e Jorg MONAR, eds. 2006. *International Terrorism. A European Response to a Global Threat?*, Bruxelas: P.I.E. Peter Lang.
MØLLER, Bjørn. 2005. *The EU As A Security Actor "Security By Being" And "Security By Doing"*, DIIS Report 2005/12, Copenhaga: Danish Institute For International Studies.
MONAR, Jörg. 2007. "Common Threat and Common Responses? The European Union's Counter-terrorism Strategy and its Problems". *Government and Opposition* 42 (3): 292-313.
____. 2004. "The EU as an International Actor in the Domain of Justice and Home Affairs." *European Foreign Affairs Review* 9: 395-415.
MORACSIK, Andrew. 2010. "US-EU Relations: Putting the Bush Years in Perspective". In *The Foreign Policy of the European Union*, ed. Federica BINDI. Washington: Brookings Institution. 203-208.
____. 2009. "Europe: The Quiet Superpower", *French Politics* 7 (3/4). 403-422.
MOUNIER, Gregory. 2009. "Europol: A New Player in the External Policy Field?". *Perspectives on European Politics and Society* 10 (4): 582-602.
MULLER-WILLE, Bjorn. 2008. "The Effect of International Terrorism on E.U. Intelligence Co-operation". *Journal of Common Market Studies* 46: 49-73.
NESSER, P. 2008. "How Did Europe's Global Jihadists Obtain Training For Their Militant Causes?". *Terrorism and Political Violence* 20 (2): 234-256.

NOIVO, Diogo e João DOMINGUES. 2009. *Combating Complacency: The International Islamist Threat and Portuguese Policy*, IPRIS Viewpoints 2, Lisboa: Instituto Português de Relações Internacionais e de Segurança.

PAULAK, Patrik. 2009. "The External Dimension of the Area of Freedom, Security and Justice: Hijacker or Hostage of Cross-pillarization?", *Revue d'Integration Européenne/ Journal of European Integration* 31 (1): 25-44.

PEERS, S. 2003. "EU Responses to Terrorism". *International and Comparative Law Quarterly* 52: 227-244.

PINHEIRO, Paulo Vizeu. 2008. "Terrorismo, Intelligence e Diplomacia". *Segurança e Defesa* 8: 76-79.

PINTO, Maria do Céu. 2010. "Portugal: Avaliação do Sistema de Resposta à Ameaça Terrorista Jihadista". *Segurança e Defesa* 13: 40-44.

RANDAZZO, Vincenzo. 2009. "EU Security Policies and the Pillar Structure: A Legal Analysis". *Perspectives on European Politics and Society* 10 (4): 506-522.

REES, Wyn. 2009. "US-European Union 'Homeland Security Cooperation." In *Europe and Transnational Terrorism: Assessing Threats and Countermeasures*. ed. EDER, Franz e Martin SEEN. Baden-Baden: Nomos. 129-144.

RIJPMA, Jorrit e Marise CREMONA. 2007. *The Extra-territorialisation of EU Migration Policies and the Rule of Law*. European University Institute Working Paper Law 2007/01.

SCHROEDER, Ursula C. 2009. "Strategy by Stealth? The Development of EU Internal and External Security Strategies". *Perspectives on European Politics and Society* 10 (4): 474-485.

Security and Defence Agenda. 2010. *Does Europe Need "Homeland Security?"*. SDA Roundtable Report. Bruxelas: Security and Defence Agenda.

SILVEIRA, João Tiago e Miguel Lopes ROMÃO. 2005. "Regime Jurídico do Combate ao Terrorismo: os quadros normativos internacional, comunitário e português". *Europa: Novas Fronteiras* 16/17: 221-241.

SOUSA, Pedro. 2010. "Segurança Interna e Defesa Nacional: Uma Evolução para o Conceito de Segurança Nacional". *Segurança e Defesa* 13: 70-78.

SOSSAI, Mirko. 2008. "The Anti-Terrorism Dimension of ESDP". In *European Security Law*, ed. M. TRYBUS e N. WHITE. Oxford: Oxford University Press. 157-173

SPENCE, David ed. 2007. *The European Union and Terrorism*. London: John Harper Publishing.

STETTER, Stephan. 2007. E.U. Foreign and Interior Policies. Cross-pillar politics and the social construction of sovereignty. London and New York: Routledge.

TAARNNBY, M. 2005. *Recruitment of Islamist Terrorists in Europe: Trends and Perspectives*, Aarhus: Centre for Cultural Research, Aarhus University.

TRYBUS, Martin e Nigel WHITE eds. 2008. *European Security Law*, Oxford: Oxford University Press.

VRIES, Gijs de. 2008. "The Nexus Between EU Crisis Management And Fight Against terrorism". In *The European Union and Crisis Management*, ed S. BLOCKMANS. The Haia: T.M.C. ASSER PRESS. 355-372.

____. 2005. "The European Union's Role in the Fight Against Terrorism". *Irish Studies in International Affairs* 16: 3–9.

WHITE, Brian. 2003. "Expliquer la Défense Européenne : un défi pour les analyses théoriques". *La Revue International et Stratégique* 48: 89-97.

O TRATADO DE LISBOA E A GESTÃO DE CRISES NA UNIÃO EUROPEIA COM IMPACTO TRANSNACIONAL

PAULO VALENTE GOMES

A resposta dos Estados e das Organizações Internacionais face às actuais ameaças e riscos deve ser pensada no quadro das consequências da globalização, do fim do Estado-Providência, do processo de construção da União Europeia e, não menos importante, da crise financeira e económica que, nos dias de hoje, ataca as soberanias de vários Estados.

Assistimos, nos últimos tempos, a uma agudização dos sinais da crise do modelo tradicional europeu, que assentava numa forte protecção social e num relativamente elevado nível de crescimento económico e de desenvolvimento humano.

As consequências da crise desse modelo traduzem-se num aumento inaudito dos níveis de desemprego, no crescimento exponencial da dívida pública e privada, acompanhados da redução dos níveis de protecção social e de bem-estar dos cidadãos, da perda de competitividade das economias nacionais e do enfraquecimento do Euro face ao Dólar.

O contexto de crise financeira e económica agrava a crise social, um pouco por toda a Europa, mas sobretudo nos países do Sul da Europa e na Irlanda, expondo ainda mais as vulnerabilidades da União Europeia.

Em grande medida, a inexistência de uma verdadeira estrutura federalista tem dificultado a capacidade de resposta da União Europeia na definição de políticas económicas e sociais adequadas a mitigar os efeitos da crise.

As políticas de austeridade aplicadas pelos Estados, normalmente impostas pelas instâncias da União Europeia ou pelo Fundo Monetário Internacional, geram sempre ondas de descontentamento nas opiniões públicas nacionais e, em certos casos, o rigor draconiano das medidas origina crises sociais graves, traduzidas em acções de protesto mais ou menos violento nas ruas.

Tais acções de protesto, de âmbito generalizado ou sectorial, podem ter os seguintes efeitos: comprometer o normal funcionamento das instituições do poder político; colocar em sério risco a segurança, a tranquilidade e a ordem públicas; dificultar seriamente a livre circulação de pessoas e mercadorias; podendo, a prazo, colocar em risco as reservas estratégicas essenciais à sustentação de um ou vários Estados-Membros.

Ora, nestes casos de excepção, pode suceder que um Estado-Membro já não tenha capacidades suficientes, em termos de forças e serviços de segurança e defesa, para conter a crise instalada e repor a normalidade do funcionamento das instituições democráticas.

Em certas condições, a crise social pode vir a ter um efeito de contágio sobre países vizinhos e/ou sobre países que vivem uma situação político-económica semelhante. Nestes casos em que a crise social ganha contornos transnacionais no espaço europeu e em que as capacidades nacionais se revelam insuficientes ou incapazes de conter e inverter a situação, coloca-se oportunamente a questão de saber em que condições e com que meios podem as actuais estruturas e mecanismos da União Europeia dar resposta atempada a uma situação que, pela sua dimensão e pelas consequências que encerra, requer uma abordagem também supranacional, com capacidades reforçadas e respostas coordenadas a partir das instituições europeias competentes.

No contexto actual, em que as crises sociais podem convocar a intervenção dos actores políticos, das estruturas e mecanismos de resposta a crises e emergências no seio da União Europeia, torna-se cada vez mais pertinente saber se esses actores, estruturas e mecanismos europeus, na sua configuração actual, são suficientes ou estão preparados para enfrentar uma crise social na Europa com impacto transnacional.

Na mesma linha de raciocínio, importa também apurar se os autores do Tratado de Lisboa souberam reflectir esta preocupação pertinente, designadamente no âmbito da chamada "cláusula de solidariedade", e se não deveriam ter sido mais ambiciosos ao legislarem sobre esta matéria.

São estas as duas questões centrais a que nos propomos responder com a presente reflexão.

A Crise Social com Impacto Transnacional: um Conceito em Construção

Convirá, desde já, tentar uma elaboração do conceito que dá título a este artigo: o conceito de crise social com impacto transnacional na União Europeia.

Tratando-se de um conceito novo e em construção, corremos o risco de chegar a uma definição ainda relativamente vaga, imprecisa e tributária de outros conceitos afins, como os conceitos de crise ou de emergência. Por ser ainda um conceito embrionário, tentaremos apenas esboçar alguns traços essenciais.

Uma crise social com amplitude transnacional compreende dez elementos constitutivos, a saber:

1) trata-se de uma situação de alteração grave da segurança interna, relativamente previsível, quando tiver origem humana, e delimitada no espaço e no tempo;
2) as suas causas principais podem ser de natureza humana ou social, de diversa ordem, actuando normalmente de forma compósita, nomeadamente: crise de valores, crise de identidade, crise do modelo social, exclusão social, motivações políticas/ /ideológicas ou raciais, crise financeira / económica, efeitos negativos da globalização, níveis de desemprego e de pobreza elevados;
3) pode também ser consequência de um acidente, catástrofe ou desastre, de origem natural ou tecnológica.
4) o agente ignidor da exteriorização da crise pode ser um grupo profissional / social, de dimensão nacional ou internacional, ou mesmo um Estado;
5) a crise resulta de uma diferença entre exigências / necessidades / expectativas sociais e capacidade de resposta das instituições e modelos tradicionais;
6) nas suas vertentes de protesto colectivo, a crise passa do estado latente e exterioriza-se sob a forma de manifestações, bloqueios, greves, acções violentas, vandalismo;
7) provoca potencialmente graves consequências políticas, diplomáticas, sociais, económicas e de segurança e ordem públicas;
8) designadamente, em algumas das suas manifestações de protesto colectivo mais exacerbadas, põe em causa o espaço de liberdade,

segurança e justiça da União Europeia, limitando a liberdade de circulação de pessoas, mercadorias e serviços;
9) nas suas vertentes de protesto colectivo violento, tem um potencial efeito de imitação ou de alastramento, adquirindo um carácter transnacional, afectando vários Estados-Membros em simultâneo; e
10) o Estado onde a crise teve origem pode não ter, por si só, capacidades/recursos suficientes para gerir/controlar as consequências da crise social, requerendo apoio externo, quer de outros Estados-Membros de *per se*, quer das próprias instâncias da União Europeia, que coordenarão uma resposta conjugada nos planos político e/ou técnico.

São exemplo disso as greves de camionistas em vários países europeus; os tumultos sociais em várias cidades francesas; as manifestações violentas dos movimentos anti-globalização, pacifistas ou ambientalistas, sempre que tem lugar uma cimeira do G8, da Organização Mundial do Comércio ou da NATO; as cheias no rio Danúbio, que afectam sempre vários países da Europa Central e Oriental; os fogos florestais estivais que ocorrem em vários países do Sul da Europa; as nuvens de cinzas vulcânicas com origem na Islândia, que paralisaram a navegação no espaço aéreo europeu; o acidente nuclear de Chernobyl, cujas emissões radioactivas se espalharam por quase todo o continente europeu, com efeitos nocivos prolongados; um terramoto de grandes dimensões como o de L'Aquila, em Itália; ou os atentados terroristas de Madrid ou de Londres.

O Sistema Europeu de Gestão de Crises

O tipo de gestão de crises a que nos referimos nesta sede é a gestão de crises realizada pela e para a União Europeia, ficando de fora do objecto do nosso estudo o sistema de resposta da União a crises que ocorrem noutras partes do globo.

O sistema de gestão de crises da União Europeia compreende os dispositivos sectoriais, bem como os dispositivos que ligam esses sectores num sistema integrado, capazes de gerir todos os tipos de incidentes (*all-hazard*). Neste último caso insere-se o Mecanismo Comunitário de Protecção Civil, que interliga as autoridades nacionais de protecção civil e coordena a assistência mútua.

Feito este enquadramento, e uma vez descritos os traços essenciais do conceito de crise social com impacto transnacional na União Europeia, será interessante visitarmos agora, ainda que de forma superficial, o actual sistema de gestão de crises da União Europeia.

Desde logo, importa sublinhar que existe um crescente interesse, quer da parte dos Estados, quer das Organizações Internacionais, em relação ao papel da União Europeia como gestora de crises, a nível global.

Mas, para além do papel da União como actor planetário, constata-se, sobretudo ao longo da presente década, a necessidade de a União Europeia dar uma resposta intra-comunitária aos acidentes de grande dimensão, que ocorrem num ou em vários Estados-Membros. É cada vez maior a consciência de que estes acidentes não conhecem fronteiras e de que, em alguns casos, um só Estado-Membro não tem capacidade institucional, técnica ou logística para dar uma resposta eficaz.

Os Estados-Membros estão não só cada vez mais conscientes da natureza e impacto transnacionais destes incidentes, como da crescente interdependência entre países e regiões, resultante da forte ligação das infra-estruturas de transportes, comunicações, energia e sistema financeiro, entre outras.

Basta recordarmos os efeitos nefastos e de longo prazo que o acidente na central nuclear de Chernobyl provocou à escala global, mas particularmente na Rússia e em grande parte do continente europeu; ou mais recentemente, as nuvens de cinza provocadas pela erupção de um vulcão islandês, que perturbaram gravemente o tráfego aéreo europeu e internacional. Mas também os fogos florestais, as inundações, as secas, os sismos, as greves e manifestações violentas de impacto transfronteiriço, os ataques terroristas de grande dimensão, são exemplos de crises ou catástrofes de grande escala, que não conhecem fronteiras e que suscitam a necessidade de uma cooperação e coordenação mais eficiente, se necessário, sob o guarda-chuva da União Europeia.

Apesar de, na história recente, os vários desastres e catástrofes naturais de grande dimensão e os dois ataques terroristas ocorridos no espaço da União Europeia, terem sido geridos primordialmente pelo Estado-Membro directamente afectado, também é certo que existe, ao longo da última década, uma crescente pressão no sentido de a União Europeia se dotar de dispositivos de cooperação eficazes de gestão de crises de larga escala que ocorram no território dos Estados-Membros.

Importa recordar que a cooperação europeia na área da gestão de crises evoluiu muito lentamente, desde a criação da Comunidade Europeia do

Carvão e do Aço, em 1951. Tal como acontece normalmente a nível nacional, os avanços na construção do sistema europeu de gestão de crises foram sobretudo impulsionados pela ocorrência de crises de grande dimensão, quer no território europeu, quer em outros continentes.

Destacamos apenas os desastres e catástrofes mais importantes que ocorreram no espaço europeu, ao longo das últimas três décadas: o acidente no complexo industrial de Seveso, em Itália (1976); o acidente na central nuclear de Chernobyl (1986); a crise da doença das vacas loucas – BSE (1996); as inundações na Europa Central, em 2002 e em anos subsequentes; o surgimento da SARS[33] (2003); a gripe das aves (2005); e os atentados terroristas de Madrid (2004) e de Londres (2005).

Quando nos propomos estudar o actual sistema de gestão de crises da União Europeia, rapidamente nos apercebemos de que este é um exercício difícil e ingrato, quer porque não está suficientemente divulgado, quer porque a informação é dificilmente acessível, quer ainda porque o próprio sistema é confuso.

Além disso, e por ora, será exagerado falarmos de um verdadeiro "sistema" europeu de gestão de crises, pois, para além de não estar ainda consagrado num documento estratégico de referência, ele encontra-se em fase de construção.

A actual arquitectura do sistema de gestão de crises da União Europeia não é mais do que uma amálgama de estruturas, actores e mecanismos, que foram surgindo rápida e espontaneamente, de forma desfasada e reactiva, em resposta a necessidades pontuais.

As próprias estruturas e mecanismos têm naturezas e objectos diferenciados, são fonte de potenciais conflitos positivos e negativos de competências e apresentam ritmos e desempenhos distintos. Algumas dessas estruturas e mecanismos funcionam com regularidade, outras ainda não foram testadas e outras ainda se encontram em fase de desenvolvimento.

Para ilustrarmos esta construção mais ou menos espontânea, reactiva e *ad hoc* do sistema europeu de gestão de crises, vejamos o caso dos atentados terroristas: a resposta da União Europeia aos ataques do 11 de Setembro de 2001 traduziu-se na aprovação do Plano de Acção sobre o Contra-Terrorismo e na criação da figura do respectivo coordenador europeu; e a criação de unidades administrativas, no âmbito da Comissão e do Con-

---

[33] Do inglês *Severe Acute Respiratory Syndrome*, ou síndrome respiratória aguda grave, é uma doença respiratória grave que se propagou por várias regiões do mundo em 2003, cuja causa ainda está por determinar.

selho, ocorreu na sequência dos ataques de antrax nos Estados Unidos da América. Os ataques terroristas e o tsunami de 2004/2005, por seu turno, precipitaram a criação dos dispositivos de coordenação de crises (*Crisis Coordination Arrangements* – CCA), em 2006.

A visão de conjunto do sistema, sendo relativamente desorganizada, não é ainda a de um sistema completo e coerente, apto a responder a incidentes nacionais ou transnacionais de uma forma integrada, eficiente, eficaz e coordenada.

Não obstante, estes dispositivos comunitários sectoriais e transversais conformam-se entre si e condicionam a criação e o funcionamento dos sistemas nacionais de gestão de crises.

Além do mais, existe uma tensão entre a divisão de responsabilidades nacionais e da União Europeia, na área da gestão de crises. Os Estados-Membros não estão dispostos a ceder na sua autonomia de decisão, muito menos quando se trata de ceder no seu último reduto de soberania, o da aplicação da lei e da segurança interna.

Um dos princípios essenciais que orienta este domínio da cooperação europeia é o princípio da subsidiariedade. Ele significa que a resposta a uma crise, tenha ela ou não um potencial impacto europeu transnacional, deve ser sempre, numa primeira instância, gerida e controlada pelos actores, estruturas e recursos do país que se confronta com a crise.

Caso a seriedade e extensão da crise ultrapassem as capacidades nacionais, e sobretudo se a crise adquire um impacto europeu transnacional, pode o Estado-Membro afectado solicitar a resposta dos actores, estruturas e mecanismos da União Europeia, tendo por base outro princípio basilar nesta área, o princípio da solidariedade e/ou a necessidade de defender os interesses da União Europeia como um todo.

Não é nossa intenção descrever em detalhe todas as instâncias, estruturas e mecanismos que compõem o sistema europeu de gestão de crises. Deixamos apenas um quadro ilustrativo do sistema, que nos dá a ideia da diversidade e complexidade de actores e instâncias com responsabilidades nessa matéria, ao nível técnico e político, distribuídos pelo Conselho e pela Comissão. Apenas para citar um exemplo, são nove as agências europeias com responsabilidades directas na gestão de crises, abarcando áreas que vão desde a polícia até à segurança ferroviária.

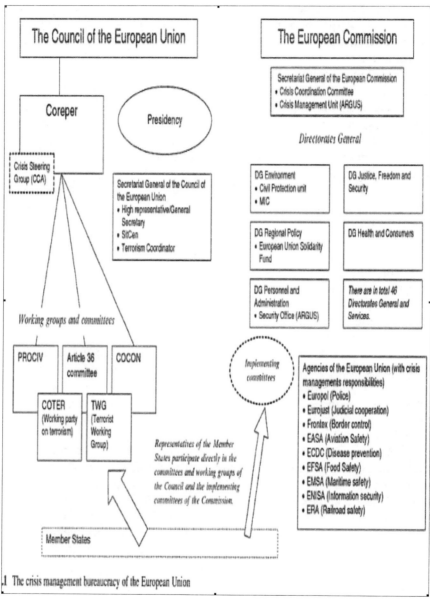

Fonte: OLSSON 2009, 10.

A Interpretação da Cláusula de Solidariedade no Tratado de Lisboa

Não obstante a tensão entre os sistemas nacionais de gestão de crises e o sistema europeu em construção, a noção de solidariedade entre os Estados-Membros foi-se intensificando ao longo da última década.

Foi assim que se introduziu uma cláusula de solidariedade específica no projecto de Tratado Constitucional, em 2003. Esta cláusula estabelecia que os Estados-Membros devem agir conjuntamente e no espírito de solidariedade, caso um Estado-Membro seja alvo de um ataque terrorista, de uma catástrofe natural ou de origem humana.

A noção de solidariedade reapareceu na Declaração sobre a Solidariedade contra o Terrorismo, aprovada pelo Conselho Europeu de Março de 2004, em resposta aos atentados de 11 de Março de 2004, em Madrid[34].

De acordo com a nova cláusula de solidariedade prevista no Tratado de Lisboa, (Título VII do Tratado sobre o Funcionamento da União Europeia, artigo 222.º e seguintes), a União e os Estados-Membros devem dar uma resposta conjunta quando um Estado-Membro for alvo de um ataque terrorista, de uma catástrofe natural ou de origem humana, a pedido do Estado afectado[35].

---

[34] Declaração sobre a Solidariedade contra o Terrorismo, em anexo à Declaração sobre a Luta contra o Terrorismo de 25 de Março de 2004:

«Nós, Chefes de Estado e de Governo dos Estados-Membros da União Europeia e dos Estados que vão aderir à União em 1 de Maio, declaramos a seguinte firme intenção:

No espírito da cláusula de solidariedade constante do artigo 42.º do projecto de Tratado que estabelece uma Constituição para a Europa, os Estados-Membros e os Estados aderentes actuarão em conjunto, num espírito de solidariedade, se um deles for alvo de um ataque terrorista.

Mobilizarão todos os instrumentos ao seu dispor, incluindo meios militares, para:
– prevenir a ameaça terrorista no território de um deles;
– proteger as instituições democráticas e a população civil de um eventual ataque terrorista;
– prestar assistência a um Estado-Membro ou a um Estado aderente no seu território, a pedido das suas autoridades políticas, em caso de ataque terrorista.

Caberá a cada Estado-Membro ou Estado aderente escolher a forma mais adequada de cumprir o presente compromisso de solidariedade para com o Estado afectado.»

[35] Título VII (Cláusula de Solidariedade), Artigo 222.º:

1. A União e os seus Estados-Membros actuarão em conjunto, num espírito de solidariedade, se um Estado-Membro for alvo de um *ataque terrorista* ou vítima de uma *catás-*

Tal como dispõe o artigo 222.°, n.° 3, uma nova Decisão do Conselho definirá as regras de execução desta nova cláusula de solidariedade. Entretanto, os instrumentos comunitários existentes, em matéria de gestão de crises, devem responder na eventualidade de um Estado-Membro vitimizado necessitar da assistência da União Europeia e dos seus Estados--Membros.

É consensual que a União Europeia, através do seu Mecanismo de Protecção Civil e outros mecanismos e estruturas, tem sido capaz de responder, de forma aceitável, a diferentes tipos de desastres naturais e tecnológicos que ocorreram no espaço da União e em outros continentes. Apenas para voltar a mencionar alguns exemplos intra-europeus, recordamos os fogos florestais na época estival em alguns países da Europa Meridional; as inundações em vários países da Europa Central e Oriental; ou o sismo de L'Aquila, em Itália, em 2009.

Porém, já não será tão consensual aceitar a possibilidade de intervenção da União Europeia ou dos seus Estados-Membros em situações de

---

trofe natural ou de origem humana. A União mobiliza todos os instrumentos ao seu dispor, incluindo os meios militares disponibilizados pelos Estados-Membros, para:
  a) – *Prevenir a ameaça terrorista* no território dos Estados-Membros,
  – *proteger* as instituições democráticas e a população civil de um eventual *ataque terrorista*,
  – prestar assistência a um Estado-Membro no seu território, a pedido das suas autoridades políticas, em caso de *ataque terrorista*;
  b) Prestar *assistência* a um Estado-Membro no seu território, a pedido das suas autoridades políticas, em caso de *catástrofe natural ou de origem humana*.
  2. Se um Estado-Membro for alvo de um *ataque terrorista* ou vítima de uma *catástrofe natural ou de origem humana*, os outros Estados-Membros prestam-lhe assistência *a pedido* das autoridades políticas do Estado-Membro afectado. Para o efeito, os Estados-Membros *coordenam-se no Conselho*.
  3. As regras de execução, pela União, da presente cláusula de solidariedade são definidas por uma *decisão* adoptada pelo Conselho, sob proposta conjunta da Comissão e do Alto Representante da União para os Negócios Estrangeiros e a Política de Segurança. Quando a decisão tenha implicações no domínio da defesa, o Conselho delibera nos termos do n.° 1 do artigo 31.° do Tratado da União Europeia. O Parlamento Europeu é informado.
  No âmbito do presente número e sem prejuízo do artigo 240.°, o Conselho é assistido pelo Comité Político e de Segurança, com o apoio das estruturas desenvolvidas no âmbito da política comum de segurança e defesa, e pelo Comité referido no artigo 71.°, que lhe apresentam, se for caso disso, pareceres conjuntos.
  4. Para que a União e os seus Estados-Membros possam agir de modo eficaz, o Conselho Europeu procede a uma avaliação periódica das ameaças com as quais a União se confronta.

crise de natureza humana que vão para além da tradicional resposta da protecção civil e podem requerer outros instrumentos de resposta, como os recursos políticos, diplomáticos, policiais, judiciais ou militares, para lidar com eficácia perante uma crise grave, resultante de instabilidade social, que pode ocorrer em um ou vários Estados-Membros e tem o potencial de contagiar rapidamente outros países vizinhos.

Uma das questões do novo Tratado de Lisboa que poderá vir a alimentar uma discussão interessante é o sentido e o âmbito da cláusula de solidariedade, prevista no artigo 222.º do Tratado sobre o Funcionamento da União Europeia. Em particular, como deveremos interpretar a expressão "catástrofes de origem humana" (*man-made disaster*)?

Desde logo, não nos parece feliz a tradução do termo "disaster" para "catástrofe", no texto do Tratado de Lisboa, pois trata-se de dois conceitos que existem na nossa língua materna e que têm significados completamente distintos, quer na doutrina e legislação nacionais, quer nos textos internacionais[36].

---

[36] a) ***Catástrofe***: (1) É o acidente grave ou a série de acidentes graves susceptíveis de provocarem elevados prejuízos materiais e eventualmente vítimas, afectando intensamente as condições de vida e o tecido socio—económico em determinadas áreas ou na totalidade do território nacional. (Cf. n.º 2, do artigo 3.º, da Lei n.º 27/2006, de 3 de Julho, Diário da República, 1ª série N.º 126); (2) Interrupção grave do funcionamento da sociedade, gerando extensos prejuízos humanos, materiais e ambientais, que a sociedade afectada não consegue superar com os seus próprios recursos. As catástrofes podem surgir de forma súbita ou podem ter evolução gradual. As catástrofes podem ter causa natural ou ser provocadas pelo Homem. (Cfr. United Nations – *International Strategy for Disaster Reduction. Terminology of disaster risk reduction*, 2000. (cit. in *Glossário da Protecção Civil*, ANPC, p. 11).
b) ***Desastre***: Uma perturbação séria do funcionamento de uma comunidade ou sociedade, causando perdas humanas, materiais, económicas e ambientais expressivas que excedem a capacidade da comunidade ou sociedade de fazer frente à situação com os seus próprios recursos. (Cf. United Nations – *International Strategy for Disaster Reduction. Terminology of disaster risk reduction*, 2004. [Consult. 31 de Agosto de 2007]. Disponível em WWW:<URL: http://www.unisdr.org/eng/library/lib-terminology-eng%20home.htm (cit. in *Glossário da Protecção Civil*, ANPC, p. 18)
c) ***Diferenças entre Catástrofe e Desastre***:
1. Numa catástrofe verificam-se danos severos na maioria ou mesmo na totalidade das edificações. (...) Numa catástrofe são igualmente atingidas as infra-estruturas e as bases operacionais dos agentes de protecção civil. (...) Por outro lado, num desastre, mesmo de grandes proporções, estas sobrevivem com poucos danos, ou mantêm-se mesmo intactas.
2. A autoridade local vê-se incapaz de exercer as suas funções habituais, tanto durante a catástrofe como durante o período de recuperação. (...) A inoperacionalidade dos

Mas assumindo que o jurista-linguista, ao traduzir, queria dizer desastre e não catástrofe, mantendo a vontade do legislador original, deveremos interpretar o termo "disaster" em sentido técnico e restrito, de acordo com o léxico comum da Protecção Civil, e, assim sendo, nele deverão incluir-se os seguintes quatro tipos de desastres tecnológicos:

1) acidentes químicos e industriais;
2) transporte e armazenamento de químicos;
3) acidentes no transporte; e
4) emergências nucleares.

Ao invés, se optarmos por uma interpretação mais extensiva do termo "disaster", então a cláusula de solidariedade poderia abranger o conceito mais amplo de crise social, que inclui acções graves e violentas como os bloqueios de estradas, os tumultos e manifestações de protesto, que, em última análise, podem desafiar e pôr em causa a capacidade de um Estado--Membro de manter e repor a ordem e segurança públicas.

Estamos conscientes de que a actividade policial e a segurança interna são o último reduto, o núcleo duro, da soberania nacional dos Esta-

---

meios de socorro locais e o facto de existirem baixas importantes entre os próprios agentes de protecção civil, obriga inevitavelmente à transferência do comando operacional para elementos exteriores à comunidade atingida. (...)

3. Também não se pode contar com a ajuda das comunidades vizinhas porque uma catástrofe possui geralmente um carácter regional ou nacional e portanto também elas, em princípio, foram afectadas. (...)

Num desastre a área atingida passa a constituir o alvo único da convergência dos meios de socorro local.

(...) Pelo contrário, numa catástrofe as comunidades vizinhas, além de estarem impedidas de enviar qualquer ajuda, acabam por competir umas com as outras para aceder à desigual distribuição dos escassos meios de socorro, dos bens de primeira necessidade, da ajuda externa e das redes de comunicações.

4. A maioria, senão a totalidade das actividades diárias da comunidade, são bruscamente interrompidas numa catástrofe, o que não acontece num desastre, onde a vida do dia a dia continua, apesar dos danos extremos provocados numa área especificamente devastada. (...)

5. A influência dos meios de comunicação sobre a opinião pública, especialmente nos últimos tempos, constrói mais facilmente catástrofes do que desastres. (Quarantelli, 2005). (*in* THYWISSEN, K., Exposure is another component of disaster risk, and refers to that which is affected by natural disasters, such as people and property.". UNITED NATIONS UNIVERSITY UNUEHS – Institute for Environment, and Human Security – ADRC, 2005, cit. in *Glossário da Protecção Civil*, ANPC, pp. 11-12.

dos-Membros e, em consequência disso, reconhecemos que uma intervenção da União Europeia e/ou dos Estados-Membros apenas deve ter lugar em situações muito excepcionais e sempre nos termos e limites das disposições da União Europeia, da NATO e/ou das Nações Unidas.

O princípio da soberania continua, evidentemente, a ser salvaguardado pelo Tratado sobre o Funcionamento da União Europeia[37].

Não obstante, os recentes eventos de larga escala ocorridos em vários Estados-Membros, como foi o caso das reacções violentas dos manifestantes gregos contra as medidas governamentais de combate à grave crise económica e financeira, suscitaram de novo o cenário de uma possível e provável, no médio-longo prazo, assistência conjunta da União Europeia e dos seus Estados-Membros, a pedido de um Estado-Membro que não seja capaz de controlar uma situação de grave alteração da ordem e segurança públicas e restabelecer a normalidade democrática nacional.

O exemplo que demos é ainda mais pertinente se nos lembrarmos de que o contexto da crise económica e financeira é semelhante em vários Estados-Membros e um incidente de ordem pública de larga escala pode facilmente propagar-se, por efeito de contágio, a outros Estados-Membros, convertendo-se assim numa questão transnacional da União Europeia, o que pode requerer uma resposta de índole política e/ou técnica por parte das instituições da União.

A questão pendente é a fronteira de legitimidade da União Europeia e dos seus Estados-Membros para interferirem numa situação de crise que integra elementos essenciais da soberania nacional mas que, ao mesmo tempo, configura um risco potencial ou real para os interesses mais vastos e importantes da União Europeia como actor da segurança internacional.

A Construção de um Sistema Europeu de Gestão de Crises

A "caixa de Pandora" que agora se abre com as disposições da cláusula de solidariedade também compromete a União Europeia e os seus Estados-Membros na implementação de um novo sistema de gestão de crises e emergências da União Europeia, apto a cobrir as três principais cate-

---

[37] Artigo 72.º (ex-n.º 1 do artigo 64.º TCE e ex-artigo 33.º TUE): O presente título não prejudica o exercício das *responsabilidades* que incumbem aos *Estados-Membros* em matéria de *manutenção da ordem pública e de garantia da segurança interna*.

gorias de contingências: ataques terroristas; catástrofes naturais; e catástrofes de origem humana (*natural and man-made disasters*).

Os esforços realizados pela União Europeia nestas três categorias têm variado ao longo dos últimos anos, como ilustraremos de seguida:

1) no que concerne à prevenção e luta contra ataques terroristas, a União Europeia deu uma resposta rápida na sequência dos atentados de Madrid, através da criação da figura do Coordenador da Luta Anti-terrorista da União Europeia, em Março de 2004, para além de diversos instrumentos normativos e da Estratégia de Contra-Terrorismo da União Europeia;

2) no que tange à prevenção e resposta a desastres e catástrofes naturais, tecnológicos e ambientais, a União Europeia também procurou melhorar e reforçar o seu Mecanismo de Protecção Civil, através da aprovação de duas Decisões, no final de 2007[38]; e

3) os passos dados no domínio da actividade policial e da segurança interna têm sido, ainda que compreensivelmente, mais lentos e mais prudentes do que nas duas áreas acima referidas, como procuraremos demonstrar a seguir.

O Tratado sobre o Funcionamento da União Europeia trouxe os seguintes desenvolvimentos:

1) actualiza o mandato geral da União Europeia no domínio da segurança interna[39];

2) cria o Comité Permanente para a Cooperação Operacional em matéria de Segurança Interna (*Standing Committee on Operational Cooperation on Internal Security* – COSI)[40]; e

---

[38] A Decisão do Conselho de 23 de Outubro de 2001 que estabelece um Mecanismo Comunitário destinado a facilitar uma cooperação reforçada no quadro das intervenções de socorro da Protecção Civil, foi reformulada em 2007, através da Decisão 2007/779/CE. Também durante a Presidência Portuguesa, no 2.º semestre de 2007, foi aprovada a Decisão do Conselho que institui um Instrumento Financeiro de Protecção Civil (2007/162/CE, Euratom).

[39] Artigo 67.º, n.º 3: *A União envida esforços para garantir um elevado nível de segurança*, através de medidas de prevenção da criminalidade, do racismo e da xenofobia e de combate contra estes fenómenos, através de medidas de coordenação e de cooperação entre autoridades policiais e judiciárias e outras autoridades competentes, bem como através do reconhecimento mútuo das decisões judiciais em matéria penal e, se necessário, através da aproximação das legislações penais.

[40] Artigo 71.º (ex-artigo 36.º do TUE): É criado no Conselho um Comité Permanente a fim de assegurar na União a promoção e o reforço da cooperação operacional em

3) mandata o Conselho[41] para adoptar uma Estratégia de Segurança Interna da União Europeia[42].

Mais recentemente, a Decisão 2010/131/UE, do Conselho, de 25 de Fevereiro de 2010, veio prever, no seu artigo 3.º, n.º 3, que o Comité Permanente (COSI) assiste o Conselho nos termos do disposto no artigo 222.º do Tratado sobre o Funcionamento da União Europeia (cláusula de solidariedade).

Na sequência do Tratado de Lisboa, o Programa de Estocolmo veio desenvolver algumas linhas orientadoras para a melhoria do sistema de gestão de catástrofes da União Europeia, nos seguintes termos:

1) o Conselho Europeu solicita ao Conselho e à Comissão que "definam uma estratégia compreensiva de segurança interna da União, baseada, nomeadamente, na necessidade de uma abordagem horizontal e integrada, de modo a conseguir lidar com crises complexas ou catástrofes naturais ou de origem humana"[43];
2) inclui, de entre as prioridades políticas da União Europeia, a protecção dos cidadãos, incluindo o reforço da polícia, da protecção civil e da gestão de catástrofes[44]; e
3) salienta que a União necessita de basear o seu trabalho na solidariedade entre os Estados-Membros e deve fazer pleno uso do artigo 222.º do Tratado sobre o Funcionamento da União Europeia.

---

matéria de segurança interna. Sem prejuízo do artigo 240.º, o Comité Permanente fomenta a coordenação da acção das autoridades competentes dos Estados-Membros. (...)

[41] Artigo 68.º: *O Conselho Europeu define as orientações estratégicas* da programação legislativa e operacional no espaço de liberdade, segurança e justiça.

[42] Projecto de estratégia da segurança interna da União Europeia: "Rumo a um modelo europeu de segurança" (Documento do Conselho com a referência 7120/10, CO EUR-PREP 8, JAI 182, de 8 de Março de 2010).

[43] Tradução nossa.

[44] O Programa de Estocolmo estabelece a seguinte prioridade política: «Uma Europa que protege: Deverá ser desenvolvida uma estratégia de segurança interna para continuar a melhorar a segurança na União e assim proteger a vida e a integridade dos cidadãos da União e combater a criminalidade organizada, o terrorismo e outras ameaças. A estratégia deverá ter por objectivo o reforço da cooperação em matéria de aplicação da lei, de gestão das fronteiras, de protecção civil e de gestão de catástrofes, bem como a cooperação em matéria penal, de modo a tornar a Europa mais segura Além disso, a União deve basear os seus trabalhos na solidariedade entre Estados–Membros e fazer pleno uso do artigo 222.º do TFUE» (página 10).

Além disso, e de acordo com o projecto de Estratégia de Segurança Interna da União Europeia, os próximos passos a dar neste domínio serão:

1) o Plano de Acção para a implementação do Programa de Estocolmo;
2) uma Comunicação sobre a Estratégia de Segurança Interna, a ser adoptada pela Comissão, que incluirá propostas orientadas para a acção;
3) o desenvolvimento, monitorização e implementação da Estratégia de Segurança Interna, que deve ser uma das tarefas prioritárias do COSI; e
4) a Comissão considerará a exequibilidade da criação de um Fundo de Segurança Interna (*Internal Security Fund*), tendo em vista promover a implementação da Estratégia de Segurança Interna.

Por último, e não menos importante, tal como foi referido pelo Coordenador da Luta Anti-terrorista da União Europeia, "o desaparecimento dos Pilares permitirá políticas mais integradas em diversas áreas (...), facilitará esta abordagem no seio das instituições da União Europeia e permitirá ganhos substanciais de eficiência nas políticas públicas"[45].

Em síntese, o Tratado de Lisboa abre caminho para uma cooperação e solidariedade reforçadas entre a UE/Estados-Membros e um Estado--Membro que necessite de assistência para gerir e controlar uma crise grave. Mas, para tal, ainda será necessário desenvolver um verdadeiro "sistema", particularmente em crises complexas que vão para além da assistência no âmbito da protecção civil.

Considerações Finais

Conforme referimos no início, propúnhamo-nos neste artigo responder às seguintes duas questões:

1) saber se, no contexto actual, em que as crises sociais podem exigir a intervenção das instâncias políticas, estruturas e mecanismos de resposta a crises e emergências no seio da União Europeia, este

---

[45] Cf. o "Discussion paper on the EU Counter-Terrorism Strategy", dirigido pelo Coordenador da Luta Antiterrorista da UE ao Conselho Europeu (documento com a referência 15359/1/09, REV 1, de 26 de Novembro de 2009).

sistema é suficiente ou está preparado para enfrentar uma crise social na Europa com impacto transnacional; e
2) apurar se os autores do Tratado de Lisboa souberam reflectir esta preocupação pertinente, designadamente no âmbito da chamada "cláusula de solidariedade", e se não deveriam ter sido mais ambiciosos ao legislarem sobre esta matéria.

Quanto à primeira questão, pudemos constatar que o actual sistema europeu de gestão de crises e emergências, pelas vicissitudes do seu processo de construção e pelas insuficiências de que ainda padece, não tem ainda capacidades para se afirmar como um verdadeiro sistema, por um lado; e, por outro lado, não dispõe ainda de um mecanismo legal, institucional e procedimental adequado para fazer face às chamadas crises sociais com impacto transnacional ao nível da União Europeia.

Relativamente à segunda questão, é nossa convicção que o legislador do Tratado de Lisboa poderia ter sido mais claro na atribuição de competências acrescidas à União Europeia em matéria de gestão de crises sociais que tenham uma repercussão transnacional, quando redigiu a chamada "cláusula de solidariedade" no Tratado sobre o Funcionamento da União Europeia.

Não obstante, e como referimos, se optarmos por uma interpretação mais extensiva do termo "disaster" referido nessa cláusula de solidariedade, esta poderia abranger o conceito mais amplo de crise social, que inclui acções graves e violentas contra a segurança interna de um ou mais Estados-Membros, como os bloqueios de estradas, os tumultos e manifestações de protesto, que, em última análise, podem requerer a intervenção das instâncias políticas e técnicas da União Europeia.

Adoptando esta interpretação da norma, e sem prejuízo do respeito da soberania dos Estados-Membros, estarão preenchidos os pressupostos legais para, no futuro, se legitimar a assistência conjunta da União Europeia e dos seus Estados-Membros, a pedido de um ou mais Estados-Membros que não sejam capazes de controlar uma situação de grave alteração da ordem e segurança públicas e restabelecer a normalidade democrática nacional, mormente se essa crise, pelo seu efeito transeuropeu, afectar os interesses, os valores ou os princípios da União Europeia como pessoa de direito internacional.

Tal necessidade justificará, assim, que se prossiga na construção e adequação do sistema de gestão de crises a estas novas realidades, se possível tornando-o mais simplificado, flexível, eficaz e eficiente.

Estamos conscientes da controvérsia que esta nossa posição pode suscitar, mas é apenas nossa intenção lançar o debate sobre uma problemática que poderá vir a ser pertinentemente discutida numa próxima revisão do Tratado de Lisboa, assim as transformações do modelo social europeu e da segurança interna da União o justifiquem.

BIBLIOGRAFIA

AAVV. 2008. "Actuación y Respuesta ante Situaciones de Crisis". *Revista Catalana de Seguretat Pública* (19). Barcelona: Institut de Seguretat Pública de Catalunya.

BLOCKMANS, Steven, ed. 2008. *The European Union and Crisis Management: Policy and Legal Aspects*. The Hague: T.M.C. Asser Press.

BLOCKMANS, Steven, e Ramses A. e WESSEL. 2009. *The European Union and Crisis Management: Will the Lisbon Treaty make the EU more Effective?* Centre for the Law of EU External Relations, CLEER Working Papers 2009/1. The Hague: T.M.C. Asser Institute. [http://www.asser.nl].

DEVLIN, Edward S. 2007. *Crisis Management Planning and Execution*. Boca Raton, FL: Auerbach Publications.

GILPIN, Dawn R., e Priscilla J. MURPHY. 2008. *Crisis Management in a Complex World*. New York: Oxford University Press.

GRÖNVALL, Jesper. 2000. *Managing Crisis in the European Union: The Commission and 'Mad Cow Disease'*. Karlstad: Tryckeri AB Knappen. [http://www.crismart.org].

HOUBEN, Marc. 2005. *International Crisis Management: The Approach of European States*. New York: Routledge.

HOUSE OF LORDS, European Union Committee. 2009. *Civil Protection and Crisis Management in the European Union*. Report with Evidence, 6th Report of Session 2008-09, HL Paper 43. London: The Stationery Office Limited. [http://www.publications.parliament.uk/pa/ld200809/ldselect/ ldeucom/43/43.pdf].

LARSSON, Sara, Eva-Karin OLSSON e Britta RAMBERG. 2005. *Crisis Decision Making in the European Union*. Stockholm: Elanders Gotab. [http://www.crismart.org].

MALMSTRÖM, Cecilia (Ministra dos Assuntos Europeus, da Suécia). 2009. "Crisis Management in the EU and the Swedish Presidency", Comunicação apresentada na Conferência "Crisis Management in Europe: What role for the EU and the Swedish Presidency 2009?", Stockholm, 28 January. [http://www.fhs.se/en/About-SNDC/News-archive/News-archive-2009/Conference-proceedings-from-the-Crisis-Management-in-Europe-conference/].

NOWAK, Agnieszka, ed. 2006. *Civilian Crisis Management: The EU Way*. Chaillot Paper 90. Paris: EU Institute for Security Studies. [http://www.iss.europa.eu].

OLSSON, Stefan, ed. 2009. *Crisis Management in the European Union. Cooperation in the face of Emergencies*. Berlin: FOI (Swedish Defense Research Agency) e Springer.

NOTAS SOBRE OS AUTORES

ANA PAULA BRANDÃO é investigadora do Núcleo de Investigação em Ciência Política e Relações Internacionais (NICPRI) e professora de Relações Internacionais da Universidade do Minho. É doutorada em Ciência Política e Relações Internacionais, Mestre em Estudos Europeus e licenciada em Relações Internacionais pela Universidade do Minho. Na qualidade de docente da Secção de Ciência Política e Relações Internacionais, é responsável pelas unidades curriculares de "Segurança Internacional", "Segurança Global", "Instituições e Políticas da União Europeia", "A União Europeia no Sistema Internacional". Em 2008, recebeu o 'Prémio de Mérito Docente' atribuído pela Pró-Reitoria para a Avaliação e Qualidade do Ensino da Universidade do Minho. Desempenhou os cargos de Directora do Curso de Licenciatura em Relações Internacionais, Directora do Curso de Mestrado em Relações Internacionais e Coordenadora da Auto-avaliação da Licenciatura em Relações Internacionais. É, presentemente, Directora do Mestrado em Estudos Europeus e do Mestrado em Políticas Comunitárias e Cooperação Territorial. Foi auditora do Curso de Defesa Nacional, colaboradora do Grupo de Estudos '*Peacekeeping* em África' e membro do Grupo de Estudos 'Conceito Estratégico' (Instituto de Defesa Nacional). É membro fundador e coordenadora da *Portuguese Security Studies Network* (PT-SSN). É investigadora responsável dos projectos POCI/57413/2004 e PTDC/CPO/64365/2006 financiados pela Fundação para a Ciência Tecnologia. Os interesses de investigação e as publicações incidem sobre os Estudos de Segurança (reconceptualização da segurança, segurança europeia, segurança humana) e os Estudos Europeus (sistema político da UE, política externa europeia e *actorness*, PESC/PCSD, cooperação no domínio dos assuntos internos).

BRUNO OLIVEIRA MARTINS é doutorando na Universidade do Minho e na Universidade de Aarhus (Dinamarca). Mestre em Estudos Europeus pela Universidade do Minho e licenciado em Direito pela Universidade

Católica Portuguesa, é colaborador do Núcleo de Investigação em Ciência Política e Relações Internacionais (NICPRI) da Universidade do Minho. Foi Visiting Fellow no EGMONT Institute, em Bruxelas, e em 2008 foi analista político da Delegação da Comissão Europeia em Telavive e EuroMeSCo Exchange Researcher na Universidade Ben-Gurion, também em Israel. Foi ainda investigador no Instituto de Estudos Estratégicos e Internacionais, em Lisboa. Em Maio de 2009 recebeu o Prémio Jacques Delors para o "Melhor Estudo Académico sobre Temas Comunitários" com a obra "Segurança e Defesa na Narrativa Constitucional Europeia, 1950--2008", publicada em 2009 pela Principia.

ELIA CHAMBEL é licenciada em Ciências Policias pelo Instituto Superior de Ciências Policiais e Segurança Interna (ISCPSI), pós-Graduada em Ciências Criminais pela Universidade Moderna e Mestre em Ciência Política e Relações Internacionais pela Faculdade de Ciências Sociais e Humanas da Universidade Nova de Lisboa. Em 2000 integrou o Comando das Esquadras de Policia de Marvila (Chelas) e Sacavém e de Investigação Criminal (2.ª Divisão – Olivais, Lisboa). Tem experiência docente (Escola Prática de Polícia, ISCPSI, Universidade Autónoma de Lisboa). Em 2006 integrou a Missão da ONU na Serra Leoa. Em 2007, foi assessora do Director-Geral da Direcção-Geral da Administração Interna e Chefe do Gabinete da Avaliação e Qualidade no ISCPSI. Proferiu palestras, em Portugal e no estrangeiro, sobre matérias relacionadas com a actividade Técnico-policial. Tem artigos publicados nas áreas Técnico-policial e Ciência Política.

LAURA FERREIRA-PEREIRA é Professora Associada de Ciência Política e Relações Internacionais do Instituto Superior de Ciências Sociais e Políticas (ISCSP) da Universidade Técnica de Lisboa. É Doutora em Relações Internacionais pela *University of Kent at Canterbury,* no Reino Unido. Entre 2003 e 2004, foi Auditora do Curso de Defesa Nacional. Entre 2004 e 2010 foi Directora do Núcleo de Investigação em Ciência Política e Relações Internacionais (NICPRI) da Universidade do Minho e Coordenadora Científica da Revista *Perspectivas – Portuguese Journal of Political Science and International Relations*. Entre Julho de 2008 e Fevereiro de 2010, foi Directora da Secção de Relações Internacionais da Associação Portuguesa de Ciência Política (SRI-APCP), da qual foi, igualmente, sua fundadora. Em Setembro de 2004, foi eleita a primeira representante portuguesa no *Steering Committee do Standing Group on Inter-*

national Relations do *European Consortium for Political Research* (ECPR), cargo que mantém na sequência da sua reeleição em Setembro de 2007. Autora dos livros 'A Áustria e a Integração Europeia' (2002), *Os Estados Militarmente Não-Aliados na Nova Arquitectura de Segurança Europeia e Inside the Fence but Outside the Walls: The Militarily Non-Allied States in the Security Architecture of Post-Cold War Europe* (2007), tem já publicados vários artigos em revistas nacionais e internacionais de referência. Tendo por áreas científicas de maior interesse e especialização, a Integração Política Europeia, a Segurança e Defesa Europeia e a Organização Internacional no contexto pós-Guerra Fria, Laura Cristina Ferreira-Pereira concluiu, em Junho 2010, a V Edição do *ESDC High Level Course 'Robert Schuman'*, ministrado no quadro do Colégio Europeu de Segurança e Defesa, no seguimento de candidatura individual realizada sob proposta do Ministério da Defesa Nacional. É a primeira professora universitária, a nível europeu, a frequentar esse curso. Faz parte do Conselho Editorial (Internacional) do periódico *Global Society – Journal of Interdisciplinary International Relations'* e da revista *Portuguese Journal of International Affairs*.

LUIS FIÃES FERNANDES é Doutorando em Relações Internacionais, especialização em estudos de segurança, na Universidade Nova de Lisboa, Mestre em Estratégia, pelo Instituto Superior de Ciências Sociais e Políticas da Universidade Técnica de Lisboa, e Licenciado em Ciências Policiais, pelo Instituto Superior de Ciências Policiais e Segurança Interna. Tem vários artigos publicados na área da prevenção e do terrorismo. É o Coordenador da pós-graduação em Segurança Interna, juntamente com a Profa. Doutora Cristina Sarmento, no Instituto Superior de Ciências Policiais e Segurança Interna, para além do coordenador do curso intensivo de contra-terrorismo neste mesmo Instituto. É ainda professor noutros cursos, em outros Institutos/Universidades. Actualmente desempenha as funções de Director do Departamento de Informações policiais da PSP, tendo desempenhado anteriormente, de 2001 a 2008, as funções de assessor de vários Ministros da Administração Interna.

MANUEL MONTEIRO GUEDES VALENTE é Director do Centro de Investigação e Professor do Instituto Superior de Ciências Policiais e Segurança Interna. É Professor Auxiliar Convidado da Universidade Autónoma de Lisboa, onde lecciona no curso de licenciatura em Direito e no curso de Mestrado em Direito, na especialidade de Ciências Jurídico-Criminais.

Encontra-se a terminar o doutoramento em Direito (Penal) na Universidade Católica Portuguesa. É Mestre em Direito – na especialidade de Ciências Jurídico-Criminais – pela Faculdade de Direito da Universidade de Coimbra, Pós-Graduado em Direito pela Faculdade de Direito da Universidade de Coimbra, Pós-Graduado em Gestão de Políticas de Segurança Pública pela Academia Nacional de Polícia – PF – Brasília, e Licenciado em Ciências Policiais pela Escola Superior de Polícia. É autor de inúmeros títulos jurídicos, publicados em Portugal e no estrangeiro, nas áreas do Direito Penal, do Direito Processual Penal, do Direito Penal Europeu, do Direito de Menores e da Segurança Interna. É membro fundador da *Portuguese Security Studies Network* (Pt-SSN) e membro do Conselho Consultivo do Observatório de Segurança, Criminalidade Organizada e Terrorismo (OSCOT). É Director Executivo da *Galileu – Revista de Economia e Direito*, fundou e coordena a revista *POLITEIA*. Tem coordenado várias obras científicas, seminários e congressos, e proferido conferências em universidades e instituições públicas e privadas, nacionais e estrangeiras.

PAULO VALENTE GOMES é superintendente da Polícia de Segurança Pública. Actualmente, exerce as funções de director do Instituto Superior de Ciências Policiais e Segurança Interna, a instituição universitária da PSP. Nessa qualidade, representa Portugal no Conselho de Administração da Academia Europeia de Polícia (CEPOL). Tem o grau de Mestre em Direito e Gestão da Segurança (França). Nos últimos quatro anos, concluiu os cursos de Direcção e Estratégia Policial, de Alta Direcção da Administração Pública e de Defesa Nacional. Frequenta actualmente o curso de doutoramento em Ciência Política, na Universidade Nova de Lisboa. Ao nível internacional, preside ao Comité Permanente da Convenção Europeia sobre a Violência dos Espectadores, do Conselho da Europa, e representa Portugal em várias instâncias do Instituto Inter-Regional para o Estudo do Crime e da Justiça, da ONU (UNICRI), como o Observatório Permanente sobre Segurança de Grandes Eventos. Participa em vários projectos de investigação científica, financiados pela Comissão Europeia, a saber: gestão de crises sociais com impacto transnacional na UE; segurança de grandes eventos internacionais; prevenção criminal através do ordenamento do espaço urbano; actuação policial face à violência doméstica; e o reforço da protecção jurídica de menores vítimas de crimes.